壁の乗り越え方

今、どん底のあなたを救う処方箋

さとうりゅうとう

みらい PUBLISHING

はじめに——いま壁にぶつかっているあなたへ

「壁を乗り越える法則」は、あるのだろうか？

私はあると考えています。

それを伝えることが、この本の一番のテーマです。


お金持ちになること。

それが私の子供のころからの夢でした……。

そして、〝コンプレックスの塊〟でした。

そんな私が28歳のときに起業して、試行錯誤しながら、いくつもの壁を乗り越え、生き残ってきました。

現在の私は、４つの会社とＮＰＯ法人を有するグループの代表をしています。

20代、30代のころの私からすると、会社も大きくなり、相当ミラクルな状態と言えます。しかし、仕事もプライベートも、新たな壁に翻弄されながらあがき続けている、まだまだ発展途上の人間です。

「夢を叶えるためにはどうしたらいいのだろう？」

いま考えると、この質問を自分にしたことが、コンプレックスを克服するための第一歩になりました。夢を叶えることがその唯一の鍵だと、おぼろげながら感じていたからだと思います。

人間、産まれたときのスタートは、みな環境が違います。

しかし、お金持ちでも貧乏でも時間は平等で、24時間365日。

その時間の使い方で、人生花開くかどうかが決まります。

では、どんな時間の使い方をすればよいのか？

その与えられた状況下でどう生きるのか？

どうやって現状と、夢とのギャップを埋めればよいのか？

夢は人によってさまざまですが、その夢は子供のころからのコンプレックスの中に隠されています。だからこそ、コンプレックスは、壁を乗り越えて夢を叶えるための原動力であり、神様からのギフトなのだと思います。

私は、壁にぶつかったとき、いつもこう考えます。

「自分が初めてぶつかったと思っている壁は、すでにほかの誰かが経験している壁だ。それは、小さな壁でも、巨大な壁でも、大袈裟に言えば人類の歴史の中で誰かが乗り越えてきた壁だと思う。そう考えると、必ず答えは何通りか見つかるはず！　そして、誰かが経験したやり方を自分の性格や環境にあてはめることで、自分のオリジナルな乗り越え方になっていく」

私が本書で自分の経験を伝えたいと思った理由は、誰かにとっての壁を乗り越えるヒントを提供したいと思ったからです。

壁を乗り越える法則なんてありっこない！

そう思っていませんか？

この本は、私が右往左往しながら、さまざまな壁をどう乗り越えてきたか、ありのままをお伝えし、勇気をもっていただきたい！　そんな思いで綴っています。壁があるというのは、言い換えれば、新たなステージに上がるチャンスがきたということです。

この本が、人生のさまざまな壁を前にして、茫然自失になっている人や、真っ暗なトンネルの中を歩いている人の光になったら、うれしく思います。

さとう　りゅうとう

目次

基本法則

第1章 壁を乗り越えるために、まず始めたいこと

叶える法則

第2章 目標を達成し、夢を叶える方法を知っておこう

人脈の法則

第3章 人のご縁を大切に、人脈をどんどん広げていこう

成功の法則

第4章 挑戦を続け、成功するために大切な「4つのこと」

強くなる法則

第5章　こんなときはどうする？　心や身体が弱ったときの解決策

エピローグ　無償の愛――あなたを愛してくれる人は誰ですか？

本書はこんな構成になっています

壁の乗り越え方、ノウハウが分かる！

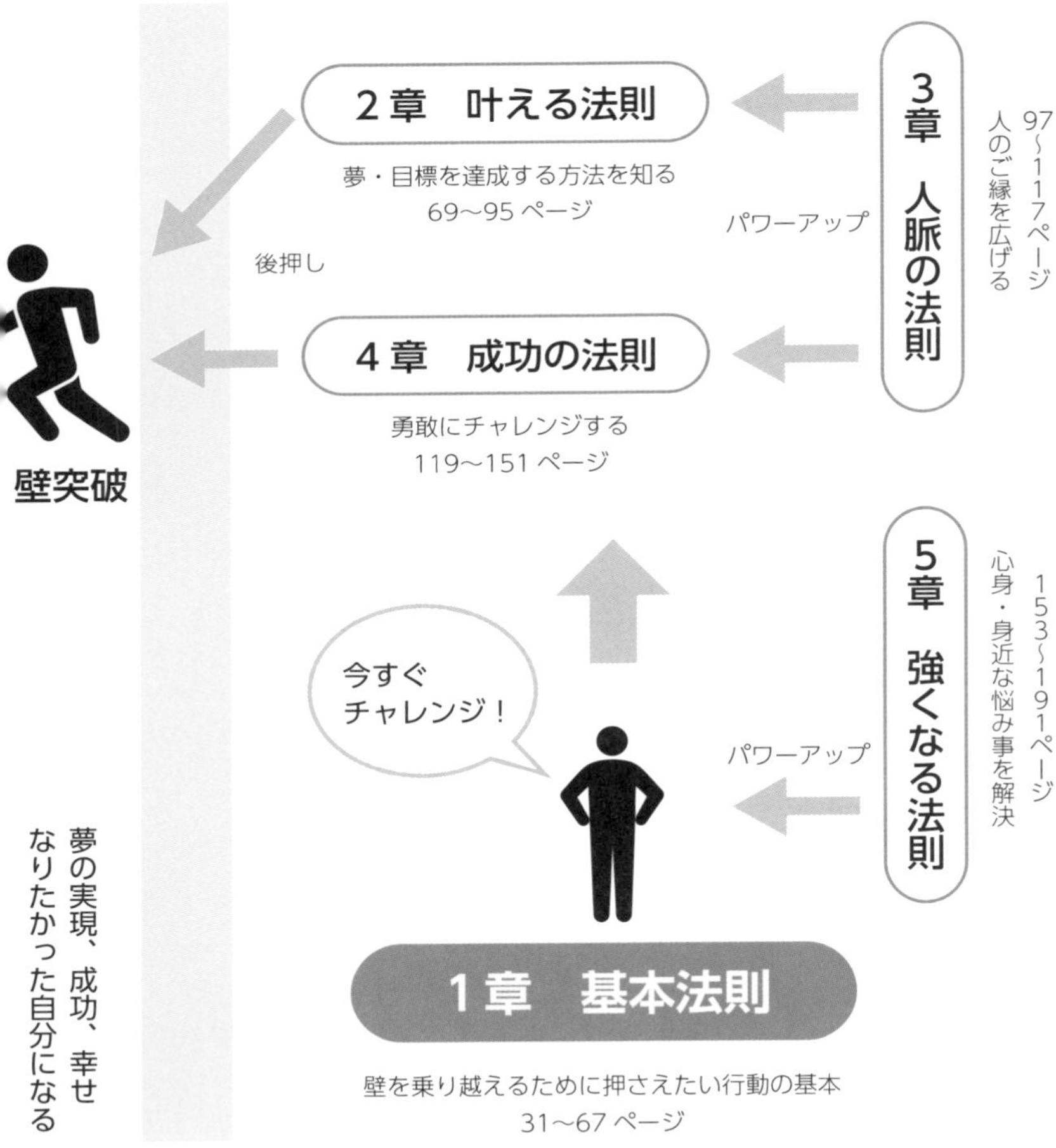

プロローグ

人はどん底のときこそ試されている

壁は必ず乗り
越えられる

欲望を満たすことが人生の目標だった

〝コンプレックスの塊〟だった私は、30代半ばまで、

「お金持ちになりたい」

「セミリタイアして遊んで暮らしたい」

「外車や、ブランド品に囲まれる生活がしたい」

自分の欲望を満たすこと、それが人生の目標になっていました。

まさに野心の塊。成り上がりたいと必死にあがいていたのです。

幸い私の会社は好業績。夢に近づいていました。


そんなある日、私は脳梗塞で緊急入院してしまいます。

3日3晩、集中治療室で生死の境を彷徨いました。

「次の瞬間、自分は、もうこの世にいないかもしれない」

ベッドに固定され、横を向くことさえ許されず、崖っぷちにいるような状態でした。

集中治療室のベッドで考えたこと

ただ、不思議と死の恐怖はありませんでした。

2つめの会社を立ち上げ、文字通り365日仕事漬け。

そこからやっと解放されるかもしれない。

「楽になれる……」

そんなことさえ考えていました。

すべてに疲れ果てていたのだと思います。

死を前にして気づいたこと。それは、

「自分が追い求めてきたお金や地位なんてくだらない」

「人生で本当に大切なのは家族、仲間、友の存在である」

ということでした。

幸い生きのびた私は、**「人に喜ばれる生き方をしたい！」**と、本気で思えるようになっていました。

人生観が変わったのです。

ある意味、生きるか死ぬかの状況を経験したことが、コンプレックスを克服するキッカケになったようにも思います。

苦しんでいた「3つのコンプレックス」

振り返ってみると、私のコンプレックスには3つの原因がありました。
1つ目は〝貧しさ〟です。

私が生まれ育った家は、築60年をはるかに超えたボロボロの借家でした。雨が降ると大変です。まるでマンガのように部屋のあちこちで雨漏りするのです。家中に鍋やバケツを置く生活。時には、給食費を払えないこともありました。そんな貧しい生活や、自宅の場所が友達にバレるのが、イヤでイヤで仕方ありませんでした。

小学生のころの私は、周りから見たら、元気いっぱいで強気の子供に見えていたかもしれません。しかし、つねに恐れを抱いていたのです。

2つ目は〝父の存在〟です。

父の商売がうまくいかず、子供のころは、いつも借金取りがきてモメている家でした。

気が優しいけれど、寡黙で何を考えているのか、分からない父。

両親がお金のことでつかみ合いの大ゲンカをしているシーンや幼い私を連れて親戚の家で「お金を貸してほしい」と言っている父の姿は、幼いころの記憶に鮮明に焼きついています。

そんな厳しい状況にもかかわらず、父は、誰かの連帯保証人になって逃げられたり……。こうした環境のせいか、私はお金に対する執着が、人一倍強くなっていました。

3つ目は、〝母の存在〟です。

私が小学生になったころから、母は入退院を繰り返していました。若年性認知症とか統合失調症という病気だったのだと思います。

いつも独り言を言って外をボーっと眺めていたり、大声で現実にはいない人の名前を叫んだりしていました。親戚から勧められて、嫌がる母を涙ながらに精神病院へ入院させたこともありました。

そんな状態でしたから、母とまともに話をした記憶がありません。

当時の私にとっては、受け入れるしかない、どうにもならない現実。

そのせいか、「自分の存在理由」を見出せずにいました。

こんな自分が、人に愛される人間になれるのだろうか？

いつか、自分に自信をもてるようになるのだろうか？

ずっと、不安でした。そして、愛情に飢えていたと思います。


成り上がりたいと必死にあがき続けていたのも、こうしたコンプレックスを払拭して、**「自分の存在理由」を見つけようとしていた**からかもしれません。

その父も母も、いまは亡き人になりました。

人生にはどうにもならないことがある

人生にはどうにもならないことがあります。

私は、お金に何度も何度も叩きのめされました。家族や従業員との永遠の別れで苦しみました。

起業したとき、新規事業を立ち上げたとき、これでもか、というほど、忍耐力が試される経験をしました。

病いに苦しみ、自分の弱さを痛感しました。

自分自身のコンプレックスに悩み続けました。


しかし、振り返ってみると、**自分の人生を飛躍させるターニングポイントは、いつも最悪な状況のとき**でした。


どん底にいるとき、どれだけ自分の可能性を信じて強がれるか。

弱い心に打ち勝ち、どれだけ勇気を振り絞って、運命に立ち向かえるか。

最悪の状況を真正面から受け止め、逃げずに、何とか乗り越える。

この繰り返しのおかげで、私は自分のことを少しずつ信じられるようになったのだと思います。

みっともなくてよい、苦しんでよい

ただ、こう言うと、さぞかし勇ましく、力強く壁を乗り越えてきたのだろうと思われるかもしれません。

しかし、実際は、情けないくらいみっともない姿で、人知れず、悩み苦しんだこともたくさんありました。

自分の弱さを分かったうえで、勇気を奮い立たせ、新たな一歩を踏み出してきたのです。さまざまなどん底が、いつも私の生き方を大きく変え、新たなステージに引っ張り上げてくれました。

そして、**壁の向こう側には、あきらめずに乗り越えたご褒美のように、いつも素敵な出来事が用意されていました。**

人生を思いっきり楽しんで生きる

人はどん底のときこそ、試されている。

大きな意味で、〝魂の修行〟になっているのかもしれません。

面白いことや楽しいことがあるから笑うのではなく、明るく笑うから、楽しくなってくるとは、よく言ったものです。

どんなに落ち込んでいても、過酷な状況下にあっても、現状を客観視して笑い飛ばせる！

そんな強さをもった人間でありたいですね。

そういえば、人が死んだとき、あの世で神様からされる質問は、

「人に親切にしてきましたか」

「人生をどれだけ楽しんできましたか」

の2つだと本で読んだことがあります。


これからも、人に親切に、神様に胸を張って、

「自分の人生をいっぱい楽しんできました〜」

そう長話で報告できるようにしたいと思います！　ま〜、ほどほどに。


夢を叶えるために、コンプレックスは飛躍のバネになります。

自分自身のコンプレックスや短所の中に、生きる意味が隠されているのかもしれません。

【幸せになりたいなら】

いますぐ幸せになりたいなら、鏡の前で笑顔の練習をしよう
１晩幸せでいたいなら、大好きなお店で、素敵な人と絶品料理を食べよう
３日間幸せでいたいなら、手料理をつくり好きな酒で仲間と呑み明かそう
１週間幸せでいたいなら、大好きな人たちと旅行に行って楽しもう
10年間幸せでいたいなら、目標を立て没頭し、成果ごとに仲間と祝杯をあげよう
一生幸せであり続けたいなら、いま目の前にある幸せに感謝しよう
あの世に逝ってからも幸せでありたいなら、いま目の前にいる人たちを
大切にしよう

著者

基本法則

第1章

壁を乗り越えるために、まず始めたいこと

ここからが第一歩！

基本法則　1

滝行のような辛い経験を、学びと感謝に変える

あなたは滝修行に行った経験はありますか？

そう、お坊さんや山伏が、山の奥地で冷たい水に打たれる、あの滝修行です。

弱い自分に喝を入れて、新しい自分に生まれ変わろうとしたり、成長するために、精神修行として行く方もいると思います。

私も20代のころ、滝修行をやってみようと思い立ったのですが、結局タイミングが合わず行くことができませんでした。

何のために行こうとしたのか……。

いま思い返すと、ただ単に好奇心と話題づくりのためという、浅はかな理由からでした。

滝修行なんて、普通はテレビ画面で見るだけかもしれませんね。

日常そのものを「修行」ととらえる

しかし、銀座まるかんの創業者、斎藤一人さんはこう言います。

「現代の滝修行！　そんなの日常の中にたくさんあるよ」

何もわざわざ山の奥地まで行かなくても、日常のいたるところに、たくさんの滝があると言うのです。

たとえば、「イヤな上司」「問題ばかり起こす部下」「無理難題を言うお客さま」「むずかしい仕事」「うまくいかない人間関係」「感情が行き違った親子関係や夫婦関係」「病気」「別れ」。そうした自分にとって辛いこと、苦しいこと、悲しいこと、

決して避けて通れない試練も「滝」なのです。

それぞれ、上司の滝、部下の滝、お客さまの滝、仕事の滝、人間関係の滝、親子の滝、夫婦の滝、病気の滝、別れの滝と言い換えてもよいでしょう。

仕事が取れない営業の辛さ

私がサラリーマン時代に経験した大きな滝は、「営業の滝」でした。

いずれ起業を目指すなら、営業を経験しておきたいと、入社して3年たったころ、自ら希望して技術職から転身しました。

「君はよくしゃべるし、いいだろう！」。支店長から転籍を許可してもらったものの、これからというときに、バブルが崩壊してしまいます。

「これ以上、仕事なんか取ってくるな」とまで言われていた状況が一転、どんなに営業をかけてもまったく仕事が取れなくなりました。

取れるかどうか分からないのに、見積書をつくっては出し、雨の日も風の日も走り回りました。営業部の後輩から、「何でそこまで、がむしゃらに働くのですか、マネできません」と、呆れられるほど働きました。

しかし、時はバブル崩壊後の東京。まったく仕事がありません。

仕事への自信が木っ端みじんに

数字の上げられない営業マンには、虚無感しかありません。

自分は〝営業ができる〟というセルフイメージも完全に崩れ落ちました。

学生時代に、イベント企画の仕事で大手企業のスポンサーをいくつも開拓したことがあり、営業には自信があったのです。

そんな自信も木っ端みじんに吹き飛びました。

細々と受注があっても、それは会社の力で取れたもので、自分の実力ではありません。しかも、競争が激しいため、接待、ご機嫌取り、よいしょ、といった裏わざばかり覚えてしまい、「仕事をもらう立場は嫌なものだ」と、いつも考えていました。

それでも、どの企業も売上が半減している状況下ですから、誰も私を責めたりはしません。ある意味、大不況の中の安定。このままぬるま湯に浸かっていては、起業という夢は叶えられないという、焦りも出てきました。

最後は営業マンとして大きな目標数字を立て、**「達成できなかったら退職する」と朝礼の場で宣言**しました。そして自分なりに未達成の責任をとって、5年勤めた会社を辞めたのです。

結局、あらゆることをやっても歯が立たず、結果が出せないことに対して、プライドが許さなかったのです。

営業は、数字が上がらないと存在理由がありません。

自分にとって、仕事が取れない営業の苦しさというのは、「生きている価値がない」と、思わせられるほど、重たいものがありました。

まさに滝に打たれているような状況です。でも、当時、「滝修行」として前向きにとらえられていたかというと、そうではありませんでした。

滝から学び、感謝の気持ちが芽生えること

では、この滝修行は、いつ終えることができるのでしょう。

斎藤一人さんは、

「その滝から学び、感謝の気持ちが芽生えること」

と言います。そこまできて初めて、その滝は消えてなくなるのだそうです。

「**上司の滝**」なら、どんなにイヤな上司でも、まずは自分に非がないか考え、改めるべきところは素直な気持ちで改める。せめて忍耐力を学ぶ。

「**お客さまの滝**」なら、無理難題を言うお客さまからであっても、自社のサービ

著者の一言！　成功とは、感謝の心が芽生えることである

スの足りない部分を反省し改良する。

「病気の滝」なら、日頃の食生活と生活習慣の改善を学ぶ。そして、学びを授けてくれた相手に対して感謝する。身体に感謝する。

心からの感謝が芽生えると、その滝修行は、ようやく終了するのです。

壁を乗り越えた先に、大きな成長がある

苦難という「滝」には、たくさんの学びがあり、乗り越えることで自分を強くしてくれます。

「営業の滝」を経験した私は、その後、ベンチャー企業に入社し、仲間とともに歴代記録を塗り替える営業成績をあげることができました。

起業してからも、「滝修行」の経験が、強力に背中を押してくれました。自分で自分を否定していた、かつての状況には絶対に戻りたくない。だからこそ、必

死になって前に進むことができたのです。

振り返ると、勤めている時代に**給料をもらいながら、仕事が取れない苦しみを経験させていただけた**のは、「何ていい勉強になったんだろう」と思います。もし自分の経営する会社で仕事が取れなかったら、潰れてしまいます。

残りの人生で、あといくつの滝に打たれ、学びを得て、感謝し成長できるのか？　これからも一つひとつの滝修行を楽しみたいと思います。

私の会社では、誰かが怒られるたび、「課長の滝」「〇〇さんの滝」「社長の滝」とか言って、面白可笑しく話題にしています。

まとめポイント

- □ 滝修行は、日常生活の中にある
- □ 辛い経験は、将来の飛躍の糧
- □ 辛い経験を、学びと感謝に変える

基本法則　2

辛いとき、不安なときは、プラスの言葉を口にする

すぐできる
アクション

「心配」や「不安」にエサをあげてはいけません。

不平や不満、心配事は言葉にすると、さらに大きくなってしまいます。

ある本によると、**脳はその言葉が誰に向けて言ったのかを理解できない**そうです。つまり、マイナスな言葉ばかり口にしていたら、すべて自分に言い続けているのと変わらないわけです。だから、

人の悪口は絶対に言わない！

愚痴をこぼさない！

弱音を吐かない！

自分の発する言葉は、自分が一番最初に聞きます。**心や身体の状態を変えるには、言葉に気をつけるのが、一番早い**のかもしれません。

いま口にしている言葉が、この先の人生をつくります。

もし、言ってしまったら「キャンセル、キャンセル」と言いましょう。

もしくは、言葉のあとに「でも、そのおかげで」と続けましょう。

意識して口にする言葉を変えよう

自分が日頃どんな言葉を使っているかは、いつも接している、5人ぐらいの人の言葉を観察すれば分かります。職場への不満、家族への愚痴など、周りにマイナスの言葉が飛び交っていると、自分も影響を受けて、マイナスの言葉を口にしていることがあります。

しかし、誤解を恐れずに言えば、周りがどうあれ、心がマイナスの状態であれ、言葉まで影響されてはいけないのです。環境を変えることはむずかしくても、言葉は意識することで、変えることができます。

プラスの言葉で1日を満たせば、だんだん心も豊かになり、現実を変える強さを身につけることができます。

毎日朝夜、プラスの言葉を頭に入れる

私は、若いスタッフの死をきっかけに、不安神経症に悩まされたことがあります。当時、私の頭の中は、マイナスのワードでいっぱいでした。

そんな私を救ってくれたのが、中村天風さんの教えでした。

その1つに、**夜寝る前と朝起きた直後、頭の中にプラスの言葉を入れる**という

方法があります。天風さんは、寝る前と起きた瞬間が、潜在意識にもっともアプローチできるのだと言います。

心身の不調に悩んでいた私は、すぐに試してみることにしました。

夜寝る前に、「私は、完全に健康だ！」と言い、朝起きると、「今日も最高の1日だ！」と言うことを繰り返しました。すると、**2週間ほど経ったころ、驚くほど気持ちが前向きに**変わったのです。

コップに1滴ずつ澄んだ水を垂らしていけば、濁った水が少しずつ透明になっていくという光景をイメージしてみてください。

私は、そのすごさを実体験しました。

実を言うと、若いころ、天風さんの本を読んだときは、少しも面白いと思えませんでした。でも、彼の教えというのは、人生の窮地に陥ったときに、心を救い、支えになってくれるものなのです。

だからこそ、彼のもとには、たくさんの政財界の大物たちが教えを請いに行っ

著者の一言！　幸せは、最初は不幸の顔をしてやってくる

ていたのでしょう。

「嫌な気持ちを、なぜ心にさせるんだ！」

中村天風さんはこうも言います。

悩んだり、憎んだり、恐れたり、悲しんだり……。気持ちいいですか？

毎日、楽しいことやうれしいこと、明るい言葉、プラスの言葉で心をいっぱいにしよう、心は操れなくても、言葉は操れるということです。

「心」を「魂」で見つめる天風さんらしい考えですね。

気をつけたい「ブーメランの法則」

「ブーメランの法則」は、みなさんもご存じかもしれません。自分のしたことは、必ず返ってくるという宇宙法則だそうです。

悪い言葉を吐けば、その言葉はいずれ自分に返ってきます。良い行いをすれば、良いことが返ってきます。巡り巡って必ず自分に返ってくるというのです。いま**この瞬間は、すべて自分の言葉や行いの積み重ね**。そう考えれば、ある意味、幸運を引き寄せるのは、簡単なことかもしれません。

自分に自信がもてないときは、「そんな自分も愛おしい」。そう何度も繰り返し、自分に語りかけてみるとよいと思います。

心はどうであれ、言葉を変えることはできる！プラスの言葉を言い続けること。それが大切です。

まとめポイント

- □ 不平不満、愚痴、弱音、悪口を口にしないようにする
- □ 自力で環境は変えられなくても、言葉は変えられる
- □ 心はどうあれ、プラスの言葉を言い続ける！

基本法則　3

壁にぶつかったら、本を5冊読んでみる

知識と経験を積む

社長の仕事は、会社を一時的な成功へ導くことではありません。10年、20年、30年先を考えて経営することです。しかし、変化の激しい現代においては、半年、1、2、3年後に思いっ切り注力して、10年先の理想像を思い描くくらいが、ちょうどいいようにも思います。

いまは変化が激しく、より早い決断スピードが求められています。

決断力と言うと、たとえば、「右か左か」を決めるときに、すぐに「右」と答えることだとイメージされがちです。

しかし、瞬時に**正しい判断を下すためには、膨大な知識、勉強、努力、長年の経験が必要**です。その裏打ちがあるからこそ、未来を見すえて、「これ」という答えをすぐに導き出せるのです。

知識も経験もない状況での決断は、サイコロを投げて決めるのと一緒。いくらスピードがあっても、クオリティーの高い決断をすることはできません。

膨大な知識と経験があるからこそ、情報を精査し、いろいろな発想の中で正しい答えを出すことができるのです。

本ほどリターンの大きい投資はない

壁にぶつかったとき、新たな夢や目標を描くとき、私はいつも同じ行動でスタートします。必ずその分野についての**本をたくさん読み、インターネットで情報を集め、気になったセミナーを受講したり、動画を視聴**したりするのです。その道の先駆者にも会いに行きます。このようにして、できるかぎり情報を集めたうえで、欲望や野心を燃料にして突っ走るのです。

中でも、本を読むこと。これほどリターンの大きい投資はありません。時にたった1500円程度で、何百倍もの価値がある気づきを与えてくれます。**活字を質・量ともに自分に落とし込んでいる人は強い！**

先人たちもこんなことを言っています。

「良き書物を読むことは、過去の最も優れた人たちと会話をかわすようなものである」（デカルト：哲学者）。

「書物を読むということは、他人が辛苦してなしとげたことを、容易に自分に取り入れて自己改善をする最良の方法である」（ソクラテス：哲学者）。

「宝島の海賊たちが盗んだ財宝よりも、本には多くの宝が眠っている」（ウォルト・ディズニー）。

私は、こう思っています。

「本を読んだだけでは成功できないかもしれない。しかし、本すら読まない人は、絶対に成功しない。もし成功しても一時で終わる！」

その都度、スピード感をもって的確な決断をするためには、「潜在意識という心の倉庫」に落とし込めるまで、頭に知識と経験を満たしていかなくてはなりません。やはり日々勉強です。

とことんやるなら速読法も役に立つ

余談ですが、さらに効率よく本を読みたいなら、**フォトリーディング**という速読法も役に立ちます。

速読法については本もたくさん出ていますが、私は3日間の講座を受けに行きました。初めから半信半疑だったので、講義2日半を過ぎたころも、速読ができるなんて、やはり嘘だと思っていました。しかし、３日目の午後、奇跡が起きました。「何だ、これ？」という感じで急に速読ができるようになったのです。自分だけではなくて、周りの参加者もそうでした。

おかげで、１カ月で30冊ほど読むことができるようになり、知識量が格段に増えました。そして、新しいことを学ぶのに躊躇がなくなりました。一般的なことで言えば、１つの分野で5冊の本を読んだら、たぶん誰とでも会話ができます。いろいろな知識が頭に入って、自分なりの考えが構築されるからです。

一説によると、大学教授の頭に入っている知識量というのは、１つの分野で本500冊分ぐらいだそうです。ということは、大学教授並みの知識を得ようと思ったら、頭にその分野の本を500冊理解させればよいわけです。ここまでできれば鬼に金棒。

果実を手にしたければ、本という肥料を自分に与え続けなければなりません。

そして、行動という水をうながすことで花を咲かせ、豊かな実を収穫するのです。

学ぶ者と、学ばざる者の間には、長い間に天地の差ができます。

さ〜て、次はどんな肥料を買ってこようかな♪

会社でやる「読書会」のススメ

そんなわけで、自分で言うのもなんですが、私は読書好きです。

いろいろな人に、「こんな面白い本があったよ」と自分が読んだ本の話をしているうちに、「おすすめの本はありませんか?」と聞かれることが多くなってきました。そして、感謝されることが多くなっていき……。

わが社では、ある幹部の提案もあり、一人ひとりの成長のために、毎月、読書会を開催することになりました。

会社の仕組みづくりに加えて大切なのはマインド。みんなの人間力を高めたいと思ったのです。

本を読んで得られるのは、何も知識だけではありません。

たとえば同じ営業職でも、ダメな営業、普通の営業、よくできる営業、超すごい営業と、いろいろな人がいます。よくできる営業、超すごい営業は何が違うのかというと、スピード対応や知識に加えて、人間力が高いのです。この人と付き合いたい、と思わせる魅力があります。本を読むことは、人間力を高める一助になるはずです。

《読書会を始めた成果》

1　月1冊必ず読むことで、スタッフに読書習慣が芽生える
2　みんな同じ本で学ぶので、考え方のベクトルが合ってくる
3　各人が感想を発表することで、プレゼン力が強化される
4　感想に私がコメントすることで、経営者の想いを伝えられる

5　自分では選ばない本を読むことで、人間力がアップする
6　管理職以外にチーム討議を運営させることでリーダーシップを培う
7　自分の考えを語り、本音を言い合いコミュニケーションが活発になる
8　時間を区切って発表をするので、思考スピードが鍛えられる

読書会は、人間力を高めるためだけでなく、**部門の意思統一をはかり、社内を一丸にできる1石8鳥の方法**です。

運営も簡単。わが社の文化づくりの一翼を担っています。

まとめポイント

□正しい決断を下すためには、情報収集が必要
□壁にぶつかったら、本を5冊読んでみる
□本という肥料と行動という水のかけ算で花は開く

基本法則　4

最悪の経験は、ステップアップの種にする

私の大きなターニングポイントの1つは、起業するために会社を退職し、27歳で地元に戻ったことです。

「もし、起業してダメなら実家の商売を手伝えばいい」

内心、そんな甘い考えもあったように思います。

しかし、実家に帰ってみると、**予想をはるかに超える厳しい現実が待っていました**。実家は、商売に関する許認可を失い、借金だらけ。月末になると、仕入先への支払いにあたふたし、とっくに支払っていなくてはならない請求書も放置さ

れたままでした。まさか、ここまで悪い状態だとは……。

借入れを断られて、泣きに泣いた日

銀行やサラ金からの借金、税金の滞納など、父の数千万円に上る借金を一本化するために、私はすべてをリスト化し、書類をつくっては銀行を回りました。「私が連帯保証します、必ず返済します」とお願いしました。

しかし、サラリーマンを辞めた私の保証がきくはずもなく、どこも融資をしてくれません。最後にやっと信用金庫の担当者が、私を見かねて「事情は分かりました。何とか前向きに検討してみましょう」と言ってくれました。

ここでお金を借りられれば、実家の商売を立て直せる！

それから1週間後、信用金庫に呼ばれました。

結果は、「残念ながら、今回は……」。

私は家に帰りシャワーを浴びながら泣きました。体を小さくして膝を抱えて泣きました。これほどお金に打ちのめされた経験はありませんでした。

「俺は一生、貧乏なままだ」

すべての銀行に断られたことで、自分の存在も否定されたように感じていました。

「お金がないのは首がないのと同じ」という、どこかのドラマで聞いたセリフが頭に浮かんできます。経験したことのない恐怖に打ちのめされていました。

負けるもんか、負けるもんか！

こんなことで負けてたまるか！　そう言い聞かせ、自分を奮い立たせました。

数カ月後には、結婚も控えていたからです。

「負けるもんか、負けるもんか、負けるもんか」と、小さな風呂場で涙を流しながら言い続ける姿は、端から見れば、まるで漫画のようだったでしょう。

このまま父と商売をしたら、共倒れになってしまう。

最後に選んだのは、新たに会社を設立し、ゼロからスタートする道でした。新規事業なら、公的な機関からの借入れができます。28歳の5月、ギリギリの状態の中で会社を設立しました。そして、7月に結婚したのです。

はい上がっていくことも、また学び

振り返ってみると、あのとき、銀行がお金を貸してくれていたら、事業はうまくいかなかったと思います。当時の私にあれだけの借金を背負う力はありませんでした。「貸すも情け、貸さぬも情け」。ある銀行の支店長の言葉がいまなら分かります。

打ちのめされたところから、「負けるものか」とはい上がっていくことこそが、

大切な学びだったと思うのです。

神様という存在があるのなら、父と一緒にではなく、自分一人で起業するために与えられた試練だったのかもしれません。すべての銀行に断られ、最悪の経験だと思っていたことは、振り返れば、最善のことでした。

いまだから言えることかもしれませんが、あのときの自分に声をかけられるなら、「まあ、大したもんだよ。その心意気」と、褒めてあげると思います。

そして、「**その本気の行動力と覚悟があれば、いずれ何かで成功できる**。誰でも一気に頂上までは登れない。最初の一歩は、とても大変だけど、一歩一歩登っていくうちに加速がつくものだよ」と、肩を叩いて、応援したはずです。

最悪な状況がなければ成功もなかった

自分と同時期に起業した人たちは、ほとんどが失敗してしまいました。

「社長、社長」ともち上げられているうちに勘違いしてしまう人、放漫経営に陥って会社を倒産させてしまう人など、さまざまです。

でも、お金で苦労した私は、いつも底辺にいるつもりで、固く経営をすることができました。もし、あの経験がなかったら、もっとお金に甘い人間になっていたでしょう。

最悪な状況というのは、ステップアップしていくために必要な経験だったということは、実際に多いと思います。負けるものかと頑張り続けていれば、いつか最善に変わる、そう信じて、日々を過ごしています。

まとめポイント

- □最悪な状況は、ステップアップに必要な経験
- □「負けるものか」と、言葉にして壁を乗り越えよう
- □はじめの一歩が、一番しんどい

基本法則　5

一番辛かったことから、自らの「使命」を見つける

「絶対にやりたくない！」と思っていることには、案外、人生の進むべき道や使命が隠されているのかもしれません。

私は瞑想に何の意味があるのか、と思っていたのですが、ヨガを始めて瞑想の心地良さを知りました。スーハーしているだけじゃ、何にも効果ないと思っていたのに、呼吸法で身体が健康になっていきました。手紙1枚書かなかった筆不精の私が、本を出版しました。

大勢の前で話すのが好きじゃなかった私が、東京や大阪で講演をしています。すべてが神様から見たら「まんじゅうこわ〜い。まんじゅうこわ〜い」の笑い話なのかな。苦手と得意は紙一重です。

人生の使命とまではいかなくても、「苦手なことは何ですか?」という問いへの答えに、もしかしたら、次のステップが隠れているかもしれませんね。

あなたの辛かった体験トップ3は?

「人生で一番辛かったと思う体験を3つあげてください。その一番辛かった体験の中にあなたが社会活動でやるべきことがあります」

私は人生の目標を失っていた時期に、大前研一さんが立ち上げた一新塾に1年間、通ったことがあります(↓147ページ)。そこで言われた言葉です。

一新塾では、「政策提言」「社会起業」「市民活動（NPO法人立ち上げ）」といった社会を変えるプロジェクトの立ち上げを目指す人が学んでいます。入塾者の中には、〝世のため、人のため〟になる活動をしたいと、漠然と考えて入塾したものの、何をやればよいか分からないという人もたくさんいます。私も最初はそうでした。

ですが、さまざまな講義を聴いたり、自分の経験を塾生の前で語ったり、塾生同士で議論をすることで、次第に〝人生でやるべきこと〟が、明確になっていきます。

集まった人たちを見ていると、これまでの人生で**一番苦しかったときの課題を解決するための活動を、生きがいへ昇華**させる人が多いことにも気づきました。

たとえば、シングルマザーだった人が、自分と同じ苦労をしてほしくないと、シングルマザー支援のNPO法人を立ち上げる、幼少期に貧困を経験した人が、子ども食堂を立ち上げる、などです。一新塾には、政治家を志す人もたくさんやってくるのですが、やはり同じ思いで政策を考えています。

そして、「すべての人は、志を生きられる！」を体現しています。

やりたくなかった中にヒントがある

同様に、母の介護を少しだけ経験した私は、もう二度と介護はしたくないと考えていたのに、介護事業を始めてしまいました。

不思議なことに、絶対に**やりたくないと思っていたことほど、人生のやるべきことや、「使命」の1つにつながっている**と思うのです。


私は、幼少のころから母とまともな会話をした記憶がありません。

小学生のころ、母には、授業参観にも運動会にも、絶対に来てほしくありませんでした。統合失調症を患っていた母は、何を言いだすか分からなかったからでした。

著者の一言！
何のために生きている！　ではなく
何のために生かされているのか？

す。学校の先生から親にわたす案内プリントを配られると、いつもカバンの奥底に隠していました。

しかし、気がつくと、いつの間にか母は運動会に来ていて遠くから私をそっと見ていました。どこで知ったのか……。

料理がうまくできない母。お弁当の日は、グチャグチャのお弁当をみんなに見られないように食べていました。友達がもってくる彩り豊かなお弁当や形の良いおにぎりを食べるのが夢でした。

とはいえ、母はどんなに病気が進行しても、私の名前を間違えたことは一度もありませんでした。いつも、私を気にかけてくれていました。

まともな会話をしたことがなくても、母の行動から、私を愛してくれていたことが伝わってきます。

しかし、私がこのことに気づけたのは、自分の子供が生まれてからのことでした。それどころか、母のことはあまりに重い話なので、ずっと記憶から消し去っていたくらいです。

生涯、母の愛情を感じることはない、とすら考えていました。

過去を癒し、トラウマを解消する

そんな私が介護事業を始めたのは、**母への贖罪**かもしれません。

母に対してやらなければいけなかったこと、やれなかったことの後悔を、介護事業を通じて、やり直しているということだと思います。

他人様のご家族をお預りして、家族ではやりきれないことをお手伝いしながら、家族も本人も、安心して過ごせる場所をつくってあげたいと考えたのです。

介護事業を始めて、一番救われているのは、自分自身だと思います。

もっともやりたくなかったこと、やれずにずっと後悔していたことをやり直すというのは、過去の自分を癒し、トラウマの解消につながります。


「あなたの一番辛かった経験は何ですか?」

その答えに、人生の使命が隠されているかもしれません。

人も企業も、成功の秘訣と目的は、みな同じです。

〝世のため人のため〟になることだと思います。

まとめポイント

- □やりたくないことの中には、次のステップが隠されている
- □辛かった経験は、自分の「使命」に通じている
- □成功の秘訣は、「世のため、人のため」にする行動

COLUMN

お金をもらえなくても やりたいことってなんだろう

「お金をもらえなくても、やりたいことってなんだろうか？」。これは、リチャード・テンプラーの言葉です。

自分に置き換えて考えてみると、起業当初や新規事業を始めたころには、何年もほとんど給料をもらっていませんでした。

それでも、会社を続けていられたのは、お金をもらえなくてもやりたいことが、いまの仕事だったからだと思います。苦しい時代があっても、そんな仕事に巡り会えたというのは、本当に幸せな人生だと思います。

「時間＝命」ですから、お金をもらわなくても自分が本当にやりたいことは何か、突き詰めて考えたことがあります。

そのとき出た答えは、全世界の貧困をなくしたい、ということでした。これも、貧しかった過去の自分を癒すことにつながっているのかもしれません。

いきなり全世界は無理でも、まずは自分の周りから貧困をなくし、少しずつ範囲を広げていけば、やがて自分の住む街へ、市町村へ、都道府県へ、日本へ、そして世界へとつなげられるのではないか、そんな大きな夢を抱いています。

[読んでおきたいおすすめ本]

第1章

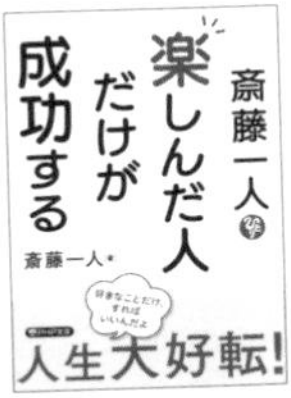

『楽しんだ人だけが成功する』

斎藤一人著

PHP 文庫　定価 781 円

私は、先人の経験を知ることで勇気づけられ、さまざまな壁を乗り越えてきました。その中でもっとも大きな影響を受けたのは斎藤一人さんです。「言葉を変えることで、心が変わる」というのは、本当に心が弱ったときに、その教えのすごさを実感しました。

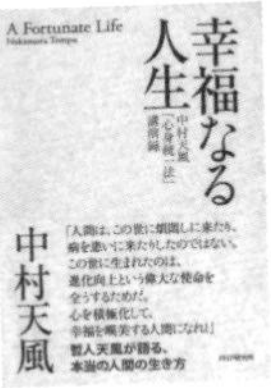

『幸福なる人生　中村天風「心身統一法」講演録』

中村天風著

PHP 研究所　定価 2090 円

天風さんの本は、人生の崖っぷちに立ったとき、心にガーンと響く本です。たくさんの人が崇拝したのも納得！　護国寺にある天風会館のセミナーに参加したときも、たくさんの勇気をもらいました。

『新版　あなたもいままでの 10 倍速く本が読める』

ポール R. シーリィ著

フォレスト出版　定価　1540 円

本書は、私に脳の無限の可能性を教えてくれました。フォトリーディングという脳がもつ高度な画像情報処理能力を活用した速読技術を学んだことで人生が加速しました。ビジネスマンの必須知識だと思っています。

第2章

目標を達成し、夢を叶える方法を知っておこう

壁を乗り越える
ための処方せん

叶える法則　1

不思議なことに紙に目標を書くと、実現する

今すぐ
実行しよう

「目標は紙に書くと実現する」

この言葉は、目標設定の大切さを教えてくれた神田昌典氏の『非常識な成功法則』（フォレスト出版）の一節です。

彼は、**成功するかしないかは、夢・願望・目標を紙に書くか書かないか、それだけの違い**でしかないと言います。

野球の大谷翔平選手、サッカーの本田圭佑選手、ゴルフの石川遼選手なども、かなり具体的な夢を紙に書いていたそうです。

本田圭佑選手は、小学校の卒業文集に「ワールドカップで有名になってセリエAに入団する、背番号は10番、1年間の給料は40億円ほしい」といった内容を書いていたそうです。彼は、2013年にセリエAのACミランに移籍し、10番の背番号をもらって夢を叶えました。文集に書いた夢があまりに実現しているというので、テレビや雑誌で取り上げられたほどです。

私がもっとも尊敬する経営者、GMOインターネットグループの創業者・熊谷正寿さんも、「35歳までに自分の会社を設立し、上場させる」という夢を紙に書き、15年後となる35歳と1カ月のときに店頭上場を果たしています。

なんとビックリ！　自分も叶っていた

そして、このことについては、私にも実体験があります。ある日、引出しを整理していたら、15年前に書いた汚い字のメモが出てきました。

そこには、「親の借金を完済する」「会社の売上を○億円にする」「社員を○○人にする」「○○の資格を取る」など、たくさんのことが書かれていました。

読んでビックリ！

そこに書いていた目標の7割が実現していたのです。

さらに、そのあとに書いて、引き出しの奥にしまい込んでいた目標も見直してみました。

またまたビックリ！

「会社を3つ経営する」「本を出版する」「お墓を建て直す」「家を建てる」「好きなお客さまだけと付き合う」「気の合う仲間を18人つくる」「有名人の友人を5人つくる」「寄付を○○○万円する」「会社の売上を○○億円にする」など、それ以外にも、こっ恥ずかしい目標もいっぱい書いていました。

そのどれもがかなりハードルの高い目標でしたし、夢物語、願望レベルにすぎないものもありました。

しかし、ほとんどが実現していました。

脳の検索エンジンをフル稼働させる

神田氏によると、**「脳の検索エンジンは目標を設定すると、適切な答えを24時間フル稼働で探し始める」**のだそうです。

たとえばフェラーリを買いたいと目標設定したら、そのためにはどうしたらいいのか、と、潜在意識はつねに情報を探し続け、潜在意識に目標を植えつけていきます。

そういえば、まだ学生のころ、〝10個の会社で社員100人！〟、そう紙に書いたことがありました。なぜか小さな会社をたくさんつくりたいと思っていたのです。

夢に生きる時間を毎日つくる。
それ自体がすでに成功である！（今井孝）

いま、グループ4社のスタッフを足すと約50人！　気がつけば、忘れていた学生時代の夢を追いかけている。しっかり、潜在意識に焼きついていたのかな。達成度はまだ50％か⁉

まだまだ夢の途中！　楽しく頑張ろう。

「目標を紙に書いておく。すると忘れたころに実現している」

やはり、神田先生が主張する都市伝説？　は本当なのかもしれない（怖）。

まとめポイント

- □目標は紙に書くと実現する！
- □目標を設定して、脳の検索エンジンをフル稼働させよう
- □潜在意識にまで目標を植えつけるのが、成功のカギ

COLUMN

たった一度の人生を…

斎藤一人さんの「仁義」という詩が好きだ！
知らない人のために記したい。

たった一度の人生を、
世間の顔色うかがって、
やりたいこともやらないで、
死んでいく身の口惜しさ

どうせもらった命なら、
ひと花咲かせて散っていく
桜の花のいさぎよさ

一度散っても翌年に
みごとに咲いて満開の、
花の命の素晴らしさ

一花どころか百花も、
咲いて咲いて咲きまくる
上で見ている神様よ、
私のみごとな生き様を
すみからすみまでごらんあれ

粋でスカッと
する詩だな～

叶える法則　2

目標達成のために押さえたい「4つのこと」

行動を変えよう

「目標設定をしなさい」ということは、熊谷正寿氏やワタミの渡邉美樹社長など、いろいろな人が言っています。

でも、反対に、「目標を立てるな」と教える人もいます。

たとえば、日本マイクロソフトの二代目社長を務めた成毛眞（なるけ・まこと）さんは、「目標はいらない。一度目標をもてば、人生を縛られ、可能性を取りこぼす」と言います。目標を立てるのではなく、感覚で生きなさい。感性で生きて、そんな程度で収まらない成功を手に入れなさい、ということなのかもしれません。

このように、目標設定といっても、「**成功するためには、目標を立てなさい**」という考え方と、「**目標を立てるな**」という考え方の2通りがあります。

目標設定の大切さも分かりますし、目標を立ててはいけないという意味も感じ取れます。そのどちらも正解なのだと思います。

目標設定は、4ステップでやる

目標を立てるときは、次の4つのステップで進めるとよいと思います。

ステップ1 自分に合ったやり方を選ぶ

目標設定については、いろいろな本が出ていますが、自分に合った方法を選ぶのが肝要です。

私は神田昌典氏の『非常識な成功法則』や熊谷正寿氏考案の『夢が、かなう手帳。パック』（かんき出版）をもとに目標を立てました。

この2冊の本から学んだおかげで、目標をクリアしていくことができたと思います。

ステップ2　本当にやりたいことを見つける

目標は、人から勧められたことや頭で考えて良いと思ったことではなく、本当にやりたいことでなければなりません。

もし、目標が設定できないときは、「やりたくないこと」を書き出して外堀から埋めるのも良い方法です。

的が絞られて自分の本音に気づくヒントになります。

ステップ3　数値目標などを具体的に設定する

目標は、必ず具体的に設定します。

たとえば、漠然と金持ちになりたい、というのではなく、3年後に100万円貯める、1年後までに本を100冊読む、10年後に年収3000万円になる、○○で起業し年商○億円にする、など、具体的な数値目標を決めると、実現するための方策が立てやすくなります。5年後にはポルシェに乗るなど、いまは実現不可能と思える目標でもかまいません。

ステップ4　達成期限から逆算して計画を立てる

具体的に目標を決めたら、何年で実現するかを考えて、その達成期限から逆算して、細分化した計画を立てます。

1年でできることは少なくても、10年というような長期目標であれば、想像以上にできることがあります。

10年を1年で分割して、この1年でどこまでもっていくかを細分化し、第1歩目から具体的にやるべきことを決めることで、目標達成の確率がグッと上がります。

焦らずに「あがく」時期を大切にする

たとえば、10年という長期目標を立てた場合、最初の7年は、まったく届く気がしないかもしれません。

1年ごとの目標も、未達が続いている状況があり得るでしょう。焦る気持ちも芽生え、途中であきらめたくなるかもしれません。

しかし、目標を達成するためには、あがく時期がとても大切です。**何も考えず、目の前のことに全身全霊をかけて、あがいて、あがいて、あがきまくる。**

蝶がサナギの殻を破るときには、羽をバタバタさせてあがくといいます。あがくことで、羽が硬くなり、殻を破って空を飛べるようになるのです。あがく時期がなかったら、蝶は殻を破って飛べません。
志を掲げ、あがき、殻を何度も破る！

あきらめなければ、後半で必ず加速する！

あきらめず、コツコツ続けていれば、後半でぎゅっと伸びる瞬間が必ずきます。雪だるまを坂で転がすと、初めはゆっくりでも、だんだん雪を巻き込みながら重さが増し、最後は、ものすごい勢いで転がっていきますね。それと同じことです。金融の世界で言えば、「複利の法則」です。複利なら元本も利子も増えていくので、時間が経てば経つほど、単利との差が広がっていきます。

初めは低空飛行でも、必ず最後のほうでぐっと加速する瞬間があります。

ですから、途中で、「このままでは、届きそうにない」などとあきらめてしまうのは、本当にもったいないのです。

著者の一言！ ガマン……なんて必要ない。全部叶えていいのだから。欲張りになっていい

一番の障害は、自分が心につくった壁

「心の中で決めた限界が、唯一のあなたの限界である！」

ブライアン・トレーシーは、こう言います。彼は、アメリカでもっとも知られたスピーカー（講演家）の1人であり、ビジネスコンサルタント・実業家として活躍している人です。

たしかに、ステップアップするための一番の障害は、自分が心につくった壁かもしれません。

自分が自分を一番過小評価しているのです……。

5年後に、最高の自分でいるためにいま何をするべきだろうか？

何を学ぶべきだろうか？
誰と会うべきだろうか？

現状の自分に満足できない！
ならば目標を掲げて、言葉を変えて、行動を変えるしかありません。
夢を描き、自らの価値観に従って目標を追求すれば、奇跡は必ず起きます！

まとめポイント

- □自分に合った目標設定の方法を探そう
- □目標達成のためには、「あがく」時期も大切
- □続けていれば、後半ギュッと伸びる時期が必ずくる

叶える法則　3

新しい旗を立て、夢を追い求めていこう

実現のノウハウ

夢や目標を実現するにあたって、一押しで紹介したいのが、熊谷正寿氏考案の『夢が、かなう手帳。パック』（かんき出版）です。

夢手帳は、

1　健康
2　知識・教養
3　心・精神
4　社会・仕事

5　プライベート・家庭

6　経済・モノ・お金

という6セクションに分かれており、それぞれの項目に10年先などの長い期間（22年分記入可能）の具体的な数値目標を記入していきます。

これら**6つすべてのバランスが取れていないと、「本当の幸せな成功者」にはなれない**という考えにもとづいて設計されているからです。たとえば、経済的に成功を収めても、ほかの5つの要素が欠けていれば、バランスが悪くなってしまいます。

人生観が変われば、夢も変わる

私は、熊谷氏の夢手帳を毎年購入し、具体的な夢を描いてきました。そして、ここに書いた夢は、不思議とほとんど叶ってきました。

30代のころは、会社の売上や利益を伸ばして稼ぐという夢ばかりが、手帳に書かれていました。

いまの夢は、「人の幸せを自分の喜びとする生き方」です。

大きな病気や、さまざまな苦悩を経験したことで、人生観が変わりました。そんな自分でありたいと、本気で夢を描いていることが、我が事ながらうれしく思います。

夢を追いかけるのに、年齢は関係ない

私は熊谷氏の著書から学ぶことで、それまで考えてもいなかった夢が明確になりました。

そして、**達成期限を決めて、数値目標と行動プランを立てることで、ほとんどの目標を達成して、夢を叶えることができました。**

苦難にあいながらも、何かに突き動かされ、一つひとつの目標をクリアできたのは、この本から学んだおかげです。

自己啓発オタクと言ってもいい私ですが、この手帳術ほどさまざまな経験に裏打ちされ、結果を出せる方法はほかにないと思っています。

新たな旗（目標）を立て、夢を追い求めていくのに、年齢は関係ありません。

今日より若い日はありません。

もっともっと、なりたい自分になれる！

そう、私もまだまだ夢の途中……。

まとめポイント

□「本当の幸せな成功者」になるには、バランスも必要
□ 期限と数値目標を決め、具体的な行動プランを立てる
□ 夢を追うのに年齢は関係ない

叶える法則　4

「本当の自分」を知り、夢と幸せを引き寄せよう

夢の実現、成功、幸福は、決して偶然の結果ではありません。人生という限られた時間をいかに大切に使うかで、結果は大きく違ってくると思います。

夢を叶え、**幸せになるためには、「本当の自分」を知ることからスタート**しなくてはなりません。自分に対して抱いているセルフイメージの再プログラミングも必要です。

そのヒントをくれる1冊の本を紹介したいと思います。

『7日間で人生を変えよう』（ポール・マッケンナ著：宝島社）です。

著者は「本書でご紹介するシステムの力を保証します」と書いています。本のタイトルに魅かれ、読み始めた本でしたが、たった7日間で本当に人生が変わるのだろうか？　もしかしたら、ただの絵空事かもしれない。

正直、半信半疑でした。

しかし、読み終えたころには、この疑念は、完全にくつがえされました。ほんの一晩集中して読むだけでも、私の人生観は変わっていたからです。変わったというよりは、この本を通して、「**自分の知らない自分を知ることができた**」と言ったほうが正解かもしれません。

次の5つの質問に答えてください

この本は、質問に答えていくことで、これまで認識していなかった自分を知ることができる仕組みになっています。

適切な質問を投げかけることで、脳は自分自身も分かっていなかった潜在意識の領域まで使い、答えを導き出してくれるのだそうです。

では、その一端をご紹介しましょう。

1　あなたは、絶対失敗しないと分かっていたら何をするだろうか？

もし、一瞬でもこの質問について考えたことがあるなら、あなたは歴史上輝かしい成功を収めた、すべての人と同じ考え方をしたことになります。

現実の世界で何かを起こすためには、制約をもうけずに、自由に夢見る必要があるからです。

私はこの質問に答えたときに、**本当の願望を知ることができました。**

私の夢は「世界から貧困をなくすこと」「奨学金制度をつくること」でした。

この答えは自分にとっても想定外。もっと欲望丸出しの答えが出てもおかしくないからです（オレって意外とよい人なんだな）。

私が生あるうちに、世界から貧困をすべてなくすことはできなくても、ほんのちょっとの貢献をすることはできます。みんながほんの少しずつ心がけることで、何万、何十万の人たちを貧困から救うことができるようになると思います。

2　あと1週間でこの世が終わりを迎えるなら、何をするだろうか？

この質問に対する答えが、**自分の価値観、つまり自分にとって一番大切なものを知るカギ**を握っているといいます。

私の場合、家族、仲間、友、お客さま、これまでお世話になってきた人たちに感謝の言葉を伝えることでした。そして、残される人たちに迷惑がかからないように身辺整理をし、よい思い出とともに心に残してもらえる時間の使い方をするでしょう。


彼を知り己を知れば百戦殆うからず。彼を知らず己を知らざれば、戦う毎に殆うし（孫氏の兵法）

私のように、周りの人に感謝を伝えたい、と答える人は多いと思います。
では、自分は1週間後に生きているのだろうか？
保証はどこにもありません。
つまり、感謝を伝えるのは、やはり、いまなのです！

3　あなたが心から尊敬する人の、もっとも素晴らしいと思う資質を3つあげてみましょう

4　一番素晴らしいときのあなたはどんな人ですか？

私は、この2つの質問に答えたとき、尊敬する人物の素晴らしい資質と、自分の中にチョッピリある、一番素晴らしいと思う資質が合致することに気づきまし

た。

それは、「決してあきらめない強さ」「本当の優しさ」「本物がもつ人生観、世界観」。それらが融合し、王道を歩む人間性が私は好きなのです。

そして、こういった部分を、もっと自分の中に取り込んでいき、もっともっと魅力的な人間になりたいと努力しています。

あなたの尊敬する人物、それはあなたが本当になりたい姿の投影なのかもしれません。

5　生前の自分をあらわす一文を墓石に彫るとしたらどんな内容にしますか？

この質問は、自分の理想とする生き様を導き出します。私は「どんな逆境でもあきらめず王道を歩んだ男」「世界から貧困をなくすために貢献した人」「粋でカッコイイ人」「大きな愛」、そう刻まれたいと思いました。

ちょっと欲張り過ぎですね……。

自分が理想とする言葉を墓石に刻まれるような人生を送るためには、いまを大切に、本気で生きなくてはなりません。

私たちは、もっと自分の可能性、素晴らしさに気づかなくてはなりません。

本当の自分を知り、人生をよりよくしようと真剣に努力すれば、必ず報われます。

まとめポイント

- □ 夢を叶えるためのスタートは、「本当の自分」を知ることから
- □ 90～93ページの5つの質問に答えてみよう
- □ 自分の可能性と素晴らしさに、自分自身が気づこう

COLUMN

スピリチュアルも活用次第

「億万長者は星占いを信じない。しかし……大富豪は活用する」。これは、金融王ＪＰモルガンの言葉です。この“活用”という言葉は、奥が深いと思います。

私は大富豪ではありませんが、“不思議探検隊”なので、いろいろな霊能者、占い、手相見の方に会いに行き、経営や生き方のヒントをもらうことがあります。

もちろん、「占い」や「スピリチュアル」に人生を委ねてはなりませんが、そうした人たちは、普通の人なら、発想できないような話をしてくれることがあります。神様目線でアドバイスをしてくれるので、ほかの人とまず意見がかぶらないのです。

要は、それを聞いた自分がどんなインスピレーションを得て、それをどう活かすかだと思います。だから「活用する」、なのです。

信じるか信じないかが重要なのではなく、自分には想像できないことや、経験のないことであろうと、頭ごなしに否定しない。良いと思えることは取り入れる、参考にする。 心の柔軟性も大切だと思っています。

[読んでおきたいおすすめ本]

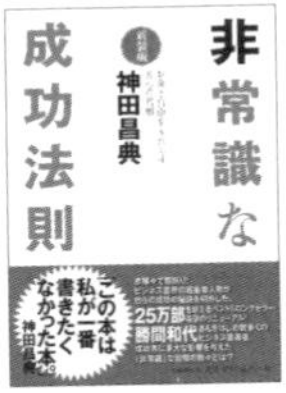

『非常識な成功法則』
神田昌典著
フォレスト出版　定価 1430 円

私が自己啓発書歴代 No. 1 と思っている本です。分かりやすくて効果絶大！
お楽しみ下さいね＾＾♪

『夢が、かなう手帳。byGMO スターターパック 2023 年版』
熊谷正寿著
かんき出版　定価 7700 円
＊行動手帳・思考手帳パックは 5500 円
＊夢手帳パックは 2200 円

私はビジネスや成功哲学に関しては、熊谷正寿さんから学ばせていただきました。私が尊敬する経営者 No. 1 の熊谷さんの手帳術。目標設定するときの最高アイテムです。年齢に関係なくおススメです。私の背中をもっとも押してくれました。

『7日間で人生を変えよう（CD 付き）』
ポール・マッケンナ著
宝島社　定価　1969 円
＊図書館、古本などでお求めください

この本にある質問に答えていくと、いままで知らなかった自分に出会えるかもしれません。ぜひ、チャレンジしてみてください＾＾

人脈の法則

第3章

人のご縁を大切に、人脈をどんどん広げていこう

成功と幸せを運んでくれるのはいつも人

人脈の法則　1

飛躍のチャンスは「人」が運んできてくれる

振り返ると、いつも人との出会いがチャンスにつながってきました。幸せを運んでくれるのは、青い鳥ではなく、いつも〝人〟です。**幸せや成功への近道は、目の前の人を徹底的に大切にすること**だと思います。

人生という限られた時間の中で、どんな人を尊敬し、どんな素敵な言葉に出会えるかは、とても大切です。

私の周りにも、人生の機微を知り尽くした人生の達人がいます。

新たなチャレンジをするとき、苦境にあるとき、そんな人たちからさまざまなありがたい言葉をかけていただきました。尊敬する人物からの、「やってみたらいいんじゃないかな。それは、さとうさんのロマンだね」

この一言も胸に染みました。

人生で飛躍のキッカケをくれるのは、いつも人との出会い！

そして、たとえ**会ったことのない人でも、その著書から学ぶ。それも出会いだ**と思います。

仕事が切れても、ご縁は切らない

私は会社の業態をエンドユーザーへの直販に転換したとき、これまでお世話になっていた取引先にあいさつに回ることにしました。これからライバル関係になってしまう取引先に、筋を通したかったのです。

もしかすると、既存のお客さまには何も言わずにごまかしながら、徐々に噂が広がったほうが、経営的には楽だったのかもしれません。

しかし、それでうまくいったとしても、自分は自分のズルさを知っています。真っ正直にいきたかったのです。私の想いや筋の通し方をしっかり伝えるために、こんな文書もつくってお渡しもしました。

「これまで弊社が行った仕事のメンテナンスは、いままで同様しっかり対応させていただきます。御社との取引の中で知った技術や知識を流用することは一切致しません。御社のスタッフさんや協力会社の引き抜きも一切しないことをお約束したうえで、新規事業をスタートいたします」と。

その1週間後、真っ先に仕事を切ったのは、一緒によく飲み歩き、気心が知れていたN社長でした。

仕事の関係を超えた付き合いをしていたつもりでも、**相手からすれば、しょせん仕事の関係だけだったということです**。どこかドライな部分がある人でしたが、やはりショックでした。

トラブルがあったり、状況が悪くなったりすると、なくなってしまう人間関係もあります。

しかし、私は仕事の関係が切れても、人としての縁は切らないほうが正しいと思っています。逆に、それで切れる関係なら、それまでの自分の付き合い方が間違っていたと反省します。

感謝のキャッチボールを大切にしよう

一方で、会社が業態を変えればライバル関係になるにもかかわらず、

「俺がさとうさんだったら同じチャレンジをするよ。気持ちはよく分かる。それに、よく筋を通した。だから、俺は応援する」

そう言ってくれたＯ会長のような方もいました。この言葉を私はいまも忘れま

人は長所で尊敬され、短所で愛される
（ひすいこたろう）

せん。

いつか、彼のような度量をもった人物になろう、そう思いました。

その方は、言葉通り、2年以上、ライバル関係になっても、仕事を発注してくれました。私は恩返しというより、リスペクトの気持ちから、O会長が経営する会社の1つに、担当者が素晴らしかったのもありますが、20年以上仕事をお願いしています。

これが、私なりの筋の通し方であり、人と人との絆だと思っています。

素敵な人間関係には、感謝のキャッチボールがあります。

人を大切にしない会社は、いずれダメになる

さて、私の会社との取引を引きあげた会社がその後、どうなったか。

実は、ほとんどの会社が潰れてしまっているのです。

逆に、取引を継続してくれた会社は、大きく成長しています。

取引先、従業員さんなど、**人を大切にしない会社は、一時的には良くても、時間をかけて企業体力がなくなっていくことが多い**ように感じます。

他社の社員を使って不正なやり方で仕事をしたり、お客さまを札束のように見ていたり、グレーゾーンで仕事をしたり……。少し汚いというか、経営の王道を行かず、「利益」だけを追っている会社は、一時的には良くても長続きはしません。

もちろん、利益を追うのは、会社として当然のことです。社員さんとその家族、取引業者などの関係者を守るためにも利益は必要だからです。でも、そこに、人を大切にする心がないと、会社を永続させることはできません。

まとめポイント

□人生も仕事も飛躍のキッカケをくれるのは、いつも人
□感謝のキャッチボールができるような人間関係を築く
□ご縁を大切にすると、人も会社も成長できる

人脈の法則　2

人脈を広げたいときは、「紹介」も活用しよう

ご縁の善循環をつくる

「人は自分の知り合いを6人以上介すと、世界中の誰とでもつながる」

このことを「六次の隔たり」というのだそうです。人を5人介せば、総理大臣までつながれる、なんて話もありますね！

私は、この人にこういう人を紹介すると、すごく跳ねるな、良い方向に動いていくな、と思うときは、積極的に人を紹介しています。あとで「人間関係のアンバランスを解消する」という話をしますが（↓114ページ）、周りの人たちの人間関係もバランスを整えたくなるのです。

簡単に言えば、自分の人脈にいる人を「紹介」して、その人に必要な分野の人を私が補うということです。

「人を介せば世界中の人とつながれる」というように、いろいろな仕事もつながっているので、**出会いが増えることによって仕事も増えるのは間違いありません。**

見返りを求めてすることではありませんが、結果として、紹介が「生きる」ことで、自分のことをより大切な人間関係として認識してもらえる面もあると思います。

ご縁の連鎖を、善循環に変える

ただし、人を「紹介する」ことは、責任が伴います。時には、紹介をきっかけに関係性が悪くなることもあります。そうした経験から、二の足を踏んでしまうこともあるでしょう。

しかし、〝ご縁の連鎖〟を、いかに〝善循環〟に変えていくかで、人脈は広がっていきます。

そして、人脈を大切にすることで、やがて自分の幸せにつながっていくのです。人の関係をないがしろにしなければ、面白い人とのつながりも、次々と生まれてきます。

紹介される側にも「礼儀作法」がある！

紹介を受けたときに気をつけたいのは、たとえ面倒な売り込みにきた人であっても、「とても大事にしてくれた。ありがたい」と、相手に感じてもらって帰っていただくことです。

紹介のご縁を善循環に変えていくためには、**この人に紹介したら、どんな人で**

あなたに巡り会えてよかった。一人でもいい
心からそう言ってくれる人があれば（相田みつを）

も大切にしてもらえるという信用が何より大切です。

目に見える成果にはつながらなくとも、紹介された人が感謝してくれれば、紹介者にも伝わります。そこに、**感謝の善循環が生まれる**のです。

紹介してくれた相手の顔を潰してしまっては、その人とのご縁も消えてしまいます。私自身も、そんな人には二度と紹介したいと思いません。逆に、この人なら大事にしてくれるな、と思ったら、おせっかいでも、紹介します。

ある調査によると、SNSを駆使して4・74人を介せば、世界中の人とつながるとか。〝人と人とは地続き〟。どんどん世界は近くなっています。

まとめポイント

- □紹介が生きると、自分も大切な人間関係として認識される
- □紹介された人を大切にすると、紹介者との信頼関係が深くなる
- □ご縁の連鎖を、感謝の善循環に変えていこう

人脈の法則　3

どうにもならない「上下関係」は、こうして変える

自分を認めてもらうには

人間関係の中には、物理的・構造的にできてしまう上下関係があります。お金を媒介した関係では、基本的に、お金の上流にいる人に対して、下流にいる人はつねに頭を下げ続けなくてはいけません。

しかし、この関係性をずっと続けるのは、誰でも嫌なはずです。

もちろん、人間関係をつくるためのテクニックもないわけではありません。たとえば、仕事先のキーマンにお中元やお歳暮を贈る、接待する、ご家族の結婚や入学などのプライベートなお祝い事に贈り物をするといったことを、マニュアル

化している企業もあります。

しかし、それでは、せいぜい親しい関係ができるぐらいです。

困り事は、関係性を変えるチャンス

であれば、どうやって関係性を変えていけばよいのか?

結論から言うと、自分自身の人間的な魅力を高めることによって、結果的に相手に自分という存在を認めてもらうことに尽きると思います。

友人関係でもそうですが、**相手が困ったときに、相手のために本気で動くのが、人間関係をつくる基本**です。それは、社内の上下関係でも、お金の上流にいる仕事先でも、同じなのです。

相手が病気になったら、良い医師を紹介する。相続で困っていたら、信頼できる税理士を紹介する。仕事でミスをしたら、うまくカバーしてあげるなども、その1つです。さらに身の上相談に、金銭トラブルや男女問題の解決といった身の下相談もあります。

「この人は他人のために、ここまでやる人なんだ」と相手に信じてもらえるからこそ、1人の人間としてリスペクトされるようになるのです。

いまでは笑い話ですが、私なんて、男女関係のトラブルに力を貸そうとして、相手の女性に刃物を出されたことも……！　苦笑。

相手のために心を込めてやりきる！

心を込めてやりきったら、少なくとも対等な関係ぐらいにはなります。

たとえうまくいかなくても、自分のために力を尽くしてくれた人に、悪い感情をもつ人はいません。

でも、普通はそこまでせず、上っ面の言葉で逃げてしまいます。相談事やトラブル解決に力を貸すというのは簡単なことではないからです。

また、うまく解決できたとしても、「あんなにやってあげたじゃないか」と恩着せがましく思わないことです。その空気感が出た瞬間に、本当の意味での信頼関係は遠のいてしまいます。

相手が「あのときは本当にお世話になった」と言ってくれた場合でも、「いやいや日ごろお世話になってますから当たり前です」という姿勢を崩さない。**決して見返りを求めず与え続けることが、相手からの信頼につながります。**

お金の上流にいるときほど、腰を低く

私も、いまは経営者の立場ですので、発注先の取引業者さんは低姿勢でこられます。

ヒトは、一人で生きている時は、生物学的な「ヒト」。「人」の「間」に生きるようになって、はじめて「人間」である（小林正観）

そんな時こそ、自分から、相手より頭を低く下げ、「いつもお世話になっています」と言って、関係性のバランスをとるようにしています。

社員さんのご家族に会えば、必ず自分から、「ご主人には、お世話になっています。いつも、本当に助けていただいています」と感謝の言葉を伝えるようにしています。

もちろん、心からそう思っているのでやっているわけですが、**お金の上流にいるときほど気をつけて、頭を下げ、腰を低く**してバランスをとらないと、相手には認めてもらえないと思っています。

まとめポイント

- □相手の困り事を、本気で解決する
- □「やってあげた」という空気感は絶対に禁物
- □お金の上流にいるときほど、バランスをとって腰を低くする

COLUMN

イヤなことをする「ソウルメイト」

ソウルメイトって、どんな人だと思われますか？　自分に何か「いいこと」をしてくれる人だという気がしますよね。

でも、あなたに「イヤなことをする人」も、実はソウルメイトなのだそうです。

ちょっとスピリチュアルな感じがしますが、神さまは魂を「1つ上」へと引っ張りあげたいと思ったとき、「ソウルメイト」に、あえてそういう「悪い役柄」を演じてもらう場合もあるんだそうです。

なぜなら、人はトラブルや障害にぶつかったときに魂がグン！　と大きく成長するというルールがあるからです。私自身も、「ソウルメイト」は、よい関係の人のことだと思っていたのですが、たしかに納得の話！

しかし……。これで、一気にソウルメイトと思える人が、増えたな（いや、感謝）。

人脈の法則　4

「人間関係のアンバランス」は、お金を使って補えばよい

人脈づくりは、自分への投資

自分の人脈に足りないものがあるときは、お金をかけてでもつくることが必要な場合があります。

「お金で」と言うと、眉をひそめる方もいるでしょうが、出会い系サイトで知り合って結婚したという話と似たところがあるかもしれません。きっかけは何であ

れ、そこで信頼関係を結び、一生涯のパートナーとしての人間関係をつくれればよいわけです。

たとえば、投資にくわしい人、ＩＴに強い人など、自分にない知識をもっている人とつながりたいときは、投資だと考え、お金をかけてセミナーや勉強会に行ってみる、その講師に直接、仕事を頼んでみるのも、良い方法だと思います。

それによって、アンバランスになっている人間関係、つまり、必要だけれど、自分に足りない部分の人間関係を補うのです。

お金の関係を「人」の関係に変える

ただし、きっかけは「お金」であっても、最後は人対人です。

お金を払っているのだからと、相手から受け取るだけでは、お金以上の人間関係は生まれません。

「この人と付き合っていると、いろいろな情報をもらえるし、人としても信頼できる」と思ってもらえて初めて、お金を抜きにした、ウイン・ウインの関係ができます。

友人関係と同じように、自分から相手に返すところがないと、たぶん人間関係は生まれてこないのです。

だから、私は仕事の関係が終わっても、気になる相手には、「もし時間があれば、飲みにでも……」と、よくお誘いをします。飲みながらプライベートな会話をすることで、一歩踏み込んだ人間関係が生まれるからです。

まとめポイント

- □ 人脈に足りないものは、お金をかけてでもつくる
- □ 投資としてセミナーや勉強会に行ったり、仕事を頼むのも手
- □ お金以上の関係は、自分が受け取るだけでは生まれない

COLUMN

趣味の世界を通じて人脈をつくる

私の知人に、びっくりするほどたくさん友達のいる人がいます。なぜ、そんなに友達が多いのか、ずっと分かりませんでした。

実はその人には趣味を通した友達が多いのです。野球やサッカーなど、趣味の数だけ友達、つまり人間関係が増えるわけです。こんなふうに、趣味の世界を通じてできる人脈というのもあります。

私も、たまたま始めた乗馬という趣味のおかげで、思いもよらない人との出会いがありました。クラブのオーナーが、大河ドラマの馬術指導をしていた関係で、映画のスクリーンで主役を演じるような人たちと一緒に飲んだり、ゴルフや旅行に行ったりという信じられないことが起きたのです。

普通、こんなことはありえないと思います。それができたのは、趣味を通じてできた人脈だからでしょう。

オーナーは馬術で頂点に立ったので、そこで出会うのは、すごい人たちばかりだったのです。何かの分野で私がその頂点に行くにはまだまだですが、いつかたどりつきたいと思っています。趣味の世界でも、極めれば、驚くような面白い出会いや出来事が待っているかもしれません。

[読んでおきたいおすすめ本]

『ありがとうの神様』

小林正観著

ダイヤモンド社　定価 1760 円

正観さんは、まさに近年降臨したお釈迦様のイメージ。スピリチュアルからお笑いまで、ウイットにとんだ語り口は、大きな気づきとともにホッコリ、そしてにっこりさせてくれることでしょう。

『愛蔵版　ユダヤ人大富豪の教え』

本田健著

大和書房　定価 1980 円

読み進めていくうちに、主人公と自分が重なり、さまざまな気づきを与えてくれます。まだ読んでない人は人生、損してますよ♪

『斎藤一人の人を動かす』

永松茂久著

PHP 研究所　定価 1650 円

大成功者の斎藤一人さんの教えを分かりやすく伝えてくれます。一人さんと永松さんの関係は、まさにソクラテスとプラトン。私がプレゼントに使った回数 No. 1 の本です。

成功の法則

第４章

挑戦を続け、成功するために大切な「４つのこと」

勇気とチャレンジで
壁を壊す！

成功の法則　1

自分を追い込み
血を流すことを恐れるな

弱い自分に
発破をかける

「自分を追いこみ、血を流すことを恐れるな。血の小便をして、ヘドを吐くことをためらうな。実力というのは、そういう戦いのなかでしか、身につかないものなのだ」

これは落合信彦氏の『狼たちへの伝言』（小学館）の一節です。

血を流すことを恐れない者だけが成功する……。

当時20代前半の私には、衝撃的な言葉でした。

思い返せば、辛いことがあるたびに、この言葉を思い出し、

「負けるもんか！　負けるもんか！」

と弱い自分に発破をかけてきました。

携帯電話を枕元に置いて寝た日々

私が東京で勤めていた会社を辞め、起業したのは28歳のとき。

理由は、「お金持ちになりたい」「カッコよく生きたい」と、いたってシンプルでした。

創業時の会社は、ナイナイ尽くし。胸を張れる事務所もない。エアコンもない。コピー機もない。満足いく人員もいない。社会保険もない。もちろん、お金はギリギリしかない。そして、何より決まった仕事がない。

取引先を見つけようと、毎日のように、飛び込みで企業を回りました。

「どんな小さな仕事でもかまいません。何かお仕事をいただけませんか？」

「24時間、365日いつでも、携帯に電話してください」

そう言って回りました。帰宅すると、必ずお会いした方に心を込めて、お礼の手紙を書きました。就寝時には、いつ緊急依頼があってもいいように、枕元に携帯電話を置き、音量を目いっぱいに上げていました。

とにかく目の前の仕事に全力を尽くす

毎日、目の前の仕事に全力で取り組む。それを繰り返すことで、いつの間にか、仕事がいっぱいになっていきました。運もよかったと思います。

そうして3年も経ったころ、やっと事業が軌道に乗り、少し心に余裕もできてきました。そこから、一つずつ会社らしくしてきたのです。

起業してすぐは、経営者としての仕事に加え、営業マン、技術管理・発注担当として、1人で何役もこなさなければなりません。休みはとれず、早朝から深夜まで必死で働きました。

トライアル&エラーの日々が続きます。たまるストレス。酒も浴びるように飲みました。事業を続けていく中で、お客さまからの理不尽な要求に、悔しい思いをしたことは何度もありました。突然、この世を去ったスタッフもいました。自分も生死にかかわる病気を経験しました。

問題が起こるたびに「負けるもんか、負けるもんか」と、つぶやきました。

それでも、起業した当初の仕事がなかった時代を思い浮かべると、毎日忙しく仕事があることがうれしく、感謝していたのです。

どんな小さな仕事にも感謝する

私が起業して初めて受注したのは、3000円の小さな仕事でした。

住んでいた賃貸マンションの大家さんが、まだ仕事のない私を気遣って、依頼

著者の一言！ 五方良し（お客様、スタッフさん、協力会社様、業界、天）を考えよう

してくれたのです。仕事が終わり、初めてお金を集金したときは、飛び上がるほどうれしくてうれしくて……。その夜、妻と乾杯したことを思い出します。

創業当初の給料は、妻と2人で「手取り15万円」、ギリギリの生活です。もし、このまま仕事がなければ、半年で会社は倒産する状態でした。

私は、朝礼などで「初めていただいた3000円の仕事」の話をよくしています。**どんな小さな仕事でも「感謝」を忘れないでほしい**との思いから、伝え続けてきたのです。

しかし、社員さんに伝えながら、一番そのことを忘れているのは、自分自身かもしれないと、時々反省しています。

順調なときこそ、初心に戻ろう

創業から数十年、現在はだいぶいい会社になりました。会社も4つになり、N

ＰＯ法人も立ち上げました。たくさんの人たちと出会い、助けられてきたから、いまがある。それが実感です。感謝しかありません。

しかし、うまくいっているときこそ、初心に戻って、もう一度自分を見直す必要があると思います。

足元をすくわれないように、浮足立たず、目の前のお客さまを大切に、筋を通し、受けた恩を忘れてはいけません。

落合信彦はこう問いかけます。

「狼は生きろ。ブタは死ね」

エキセントリックな言い方ですが、いまも自分の中の何かに反応します。

まとめポイント

- □自分を追い込み、血を流すことを恐れるな（落合信彦）
- □まずは、目の前の仕事に全力で取り組もう
- □どんな小さな仕事でも感謝を忘れない

成功の法則　2

結果は自分の責任と、腹をくくって決断する

新たなことにチャレンジするとき、私はいつも「**自分らしく生きるためには、自分らしい世界に飛び込む勇気をもたなくてはならない！**」という言葉を思い出します。誰の言葉だったのか……。

これまで何度となく、大きな決断をしてきました。進むべきか判断がつかないときは恐怖にさいなまれ、眠れぬ夜を過ごしたこともありました。決断するのは勇気のいることです。

いま以上を望むことは、身の丈に合っているのだろうか？

自分は、そんなことができる器だろうか?
これ以上、仕事を増やして、大丈夫だろうか?
会社が潰れてしまわないだろうか?
自分が生まれてきた意味とつながるのだろうか?
世のため、人のためになることだろうか?
会社のスタッフさんたちにとって、よいことだろうか?
既存事業とのシナジー効果は、どうだろうか?
さまざまな思いが交錯します。

恐怖感とワクワク感の中で決断する

しかし、**新しいことに踏み出すことへの恐怖感と、相反するワクワク感の間で決断したことは、結果的にいつも人生の大きな転機になりました。**

起業して7年、私の会社は順調に成長し、大手企業や地元の優良企業からの売上が90%を占めるまでになっていました。行政機関からも、「今年は、おたくが件数、市内トップだよ」と言われるほど、順風満帆な経営。

しかし、そんなある日、**N社からの支払いがストップ**してしまいます。テレビコマーシャルもやっている大企業でしたが、資金繰りが悪化したらしいのです。過去にも何度か、手形の不渡りや会社清算で被害を受けた私は、眠れぬ日々を過ごしました。

幸いにも、今回は1カ月遅れで全額回収できました。しかし、もうN社からの仕事を受けることはできません。売上の5分の1を占め、利益率の高い仕事ばかりを受注できた取引先でしたが、いつ倒産するか分からないからです。

もしこのまま手をこまねいていては売上げも利益も大きく減少してしまいます。技術は宝の持ち腐れ、うちも協力会社も、突然仕事がなくなります。

周りが反対でも、踏み出す勇気をもとう

この先、どうすべきか、悩み続けているうち、**「いま、この歳で新しいチャレンジをしなければ、たぶん一生このままだろう」**と思う気持ちが、日増しに強くなり、エンドユーザー（個人客）への直接販売をスタートさせたいと考えるようになりました。

しかし、普通に考えればむずかしい話です。

新規事業を始めれば、既存のお客さまとライバル関係になるため、もう仕事をいただくことはできません。最悪50％以上の売上がなくなり、倒産する可能性もありました。

私の夢を追うことで、社員さんやその家族まで危険にさらしてしまう。

著者の一言！
迷ったら、粋でカッコ良い行動を選択します

こんなチャレンジをしていいのだろうか？

大きな決断を伴う岐路に立たされていました。

このまま何もしなくても会社は経営していけます。夢に見ていた年収、社長という立場、小さな成功、そのすべてがなくなってしまうかもしれない恐怖。何日も思い悩みました。周りの人に相談しても、みんな大反対です！

「足るを知る」、そして**「ぬるま湯に浸かっていたら、大成しない」**という、相反する２つの言葉が頭に浮かんできます。怖くて、不安で、なかなか決断することができず、最初は自分の妄想としか考えられませんでした。

しかし、この決断が、のちに飛躍的な会社の成長につながったのです。

いまやらなければ、いつやる！

リーダーは理想やビジョンを語り、チームを引っ張っていかなくてはなりません。同時に、自分の弱い心も理解したうえで、勇気を奮い立たせ、新たな一歩を踏み出さなくてはなりません。

あのとき、私の決断を後押ししたのは、

「自分らしく生きたい！」

「たった一度の人生、もっと上を目指したい」

という熱い思いでした。

決して、カッコよく決断できたわけではありません。

「いま、ヤンなきゃ！　いつやるんだ!!」

と自分を鼓舞して、ケツを蹴っ飛ばし、やっと決断したのです。

眠れぬ夜を何日も過ごし、ダメだったときの恐怖にさいなまれ、神社に行って神頼みまで……。

死ぬときに後悔したくないので、決断するしかなかっただけのことです。

うまくいかなければ、確実にこれまで築いたすべてを失ってしまうカケでした。

若く、いまほどの経験もなかったからこそできた決断。

我が事ながら、安定を捨てて勇気を振り絞り、ぬるま湯から抜け出す決断をし、行動した自分を褒めてあげたいと思います。

限界は、自分が思うよりずっと先にある

将来、決断に後悔することがあっても、それはすべて自分の責任です。

たった一度の人生！

「限界」は、自分が思うより、もっと先にある！

そう信じて、後悔しないように決断していかなければならないと思います。


「雪が降っても自分の責任！」ぐらいに考えているか？（浜口隆則）

自分を客観的に分析すると、「気が小さいが勇気がある」、そして、「**自分にカッコよくありたい**」と願っています。

経営者である私が、つねに感じるさまざまな重圧と戦うのは当たり前です。

危機感をもち、その重圧と戦いながら勇気を振り絞り、新たな挑戦をし続ける！

それが嫌になったら、トップは退くべきだろうな。

決断をするのだ！

まとめポイント

□ 恐怖感とワクワク感の中でした決断は成功する!?

□ いまやらなければ、いつやる！

□ 結果はすべて自分の責任と覚悟を決める

成功の法則　3

ドリームキラーにつかまるな！成功者に話を聞こう

周囲の声が意外にも…

「誰にも相談せずに決断しなさい！」

私が新規事業を始めようか迷っているとき、ある社長から言われた言葉です。

普通は、周りのさまざまな人に相談して最終的に自分で決断しようとします。しかし、それは間違いだと言うのです。

「なぜなら、その人たちはあなたのことを思って、意見を言ってくれる。だからこそ、あなたは迷わされてしまう。結果的に、**よく分かっていない素人の意見がドリームキラー**となり、夢をあきらめる方向に行ってしまうからだ」

さらに彼は言葉を続けました。

「あなたの周りに、いま、始めようとしている事業で成功している人はいますか？　いないのであれば、その人たちの意見はただの雑音でしかない」

たしかに、そうかもしれない。

「意見を聞くなら、その事業でうまくいっている俺の話が一番だろ！」

と彼の話は続くわけですが……。

周りに意見を聞くと後悔する!?

私が、エンドユーザーへの直接販売を始めるという話をしたとき、**周りの9割は反対でした**。もちろん、みんな私を心配してくれてのことです。

でも、私はその社長の話がすごく腑に落ちたのです。逆に、周りに意見を聞いたときほど、あとで後悔することが多いことにも気づきました。

それ以来、私は**何か大きな決断をするとき、やみくもに周囲の人に意見を尋ねなくなりました**。

社員さんの中にも、反対はあったと思うのですが、会社の将来に自分の夢を託してくれたらしく、辞める人は1人もいませんでした。そして、大きなリスクを伴う新規事業を始めることができたのです。

戦略的に減らしたものは、いずれ回復する

ただ、エンドユーザーへの直販が、すぐにうまくいったわけではありません。

正直、甘く考えていました。

手始めに、会社として初めてのチラシを作成。広告さえ出せば仕事が増えると思っていましたが、数万部の新聞折込みをして反響はゼロ。翌週もう一度トライ。またもやお客さまからの電話は1本も鳴りません。まるで砂漠に水を撒いて

いるかのようでした。あまりの反響のなさに、本当に折込みがされているか、広告代理店に何度も確認したぐらいです。

大きな壁にぶつかり、気持ちはどん底。

いま見れば、顔から火が出るくらい独りよがりなチラシだったので、お客さまへの訴求効果がなかったのも当たり前です。しかし、そのときの私は、反響のない理由がまったく分かりませんでした。

1年目は、散々な結果でした。ライバル関係になった既存の取引先も離れ始めました。

しかし、捨てる神あれば拾う神あり。「顧客名簿は真空を嫌う」と、神田昌典氏も言っているのですが、**戦略的にお客さまを減らしたときには、またそこを埋めるように、お客さまが増えてくる**ものです。

新規事業を始めて2年目には、売上も1億円を超えるようになり、既存事業も元の水準まで回復していました。

意志あるところに道は開ける
（エイブラハム・リンカーン）

その決断は「王道」を行くものなのか？

新しい夢に向かって何かを決断するときは、頭で考えると、だいたい失敗します。「こうすべき」と人から勧められたり、みんながやって成功していることでも、やりたくないことをすると、うまくいかないのです。**肌感覚で良いと感じられる方向に行くのが正解**だと実感しています。

経営者稼業をやっていると、毎日が決断の連続です。時に、理想と現実の狭間で迷うこともあります。そんなとき、いつも考えるのは、経営の「王道」を行く決断をしているかということです。私にとっての王道とは、〝お天道さんに恥じない行い〟です（時々恥じていますが）。

自分らしく生きたい、死ぬときに後悔したくない、そう思い、決断したことは、やはりその後の飛躍の原動力となっています。

ぬるま湯に浸かったままでは、成功もない

ドリームキラーになるのは、人だけではありません。心地良いぬるま湯のような状況も、夢に挑戦する意欲を奪います。

作家の本田健さんは、

「多くの人は、まあまあの生き方を選んでいる!? 最悪を選ばないかわりに、最高も選んでいない。ある意味リスクをおかさなければ、人生を変えることはできません」

と言っています。心地良い半身浴のような状態。現状維持というのは、人間にとって、一番楽なことなのかもしれません。

私自身、現状に満足し、いまのままで十分ではないか、これ以上新しいチャレンジをするのは身の丈に合っていない、と考えていた時期がありました。

著者の一言！　悩んだら王道が何かを考え決断します

しかし、社員さんたちの「もっと会社を大きくしたい！」という想いを聞いたことをキッカケに、現状のままでよいと思うこと自体が、逆に自分のエゴであり、自己満足だったことに気づかされました。

みんなの夢を叶えるためには、自分自身がもっと学び、器を大きくし、会社を成長させなくてはなりません。成長と社員さんたちの夢が重なり合う〝ロマン〟を、ビジョンとしなくてはならない、そう気づかされたのです。

一段高いステージに行きたいと思ったら、勇気を振り絞り、リスクをとってぬるま湯を出ていかなければなりません。

チャレンジへの「慣れ感」に気をつける

最近も、大きな決断をしました。しかし、昔のように、清水の舞台から飛び降りる、というほどの恐怖はありません。

この「慣れ感こそ、危険」。そう考えて、気をつけなくてはいけないと思います。会社には、**創業時の原点を思い出し、エリを正すべきときと、古い衣を脱ぎ捨てて、脱皮すべきときがあります。**慣れ親しんだ状況から抜け出し、変革することには勇気がいります。

しかし、大きな夢と理想を思い描き、未来を信じて決断し行動しない限り、現状のままなのです。

もう何度目の脱皮だろう……。

まとめポイント

- □周りに意見を聞きすぎないことも大切
- □その分野で成功している人に話を聞こう
- □ぬるま湯に浸かったままでは、成長も成功もない

成功の法則　4

チャンスがきたら、ためらわずに飛び込もう

振り返ると、チャンスはいつも自分の準備ができていないときにやってきました。

「まだ、ちょっと早い」「時間がない、お金がない」「体調が悪い」などと、挑戦する前には、何かしら、やれない言い訳をしがちです。

しかし、本当に何とかしなければ！　という必死さがあるときは、反射的に手を伸ばしてしまうものだと感じます。

私自身は慎重な性格なので、本来は9割、せめて8割方大丈夫と思えてから飛

び込みたい性分です。ですが、6、7割しか準備できていない場合でも、思い切ってGOサインを出さないと、チャンスを逃してしまうときもあります。「まだ準備ができていない」などと言い訳せず、**背水の陣で飛び込む勇気と覚悟が試されている**と言い換えてもいいかもしれません。

自己分析すると、「気が小さくても、勇気がある」。そういう自分だから、さんざん石橋を叩いて悩んだうえで、リスクをとって飛び込み、結果につながったのだと思っています。

1日数時間しか働けない心身の状態に

40代のある時期、私はうつ症状と不安神経症に悩まされていました。

きっかけは、スタッフのT君が現場で倒れ、突然、この世を去ったこと。彼は私が脳梗塞で生死の境をさまよったのと同じ38歳で、この世を去りました。

お通夜の席で彼の遺影を見たとき、突然、すべてが「無」に感じられ、

「もう、どうなってもいい」

と思ってしまったのです。

その瞬間、体中の力が抜け、その場に崩れ落ちてしまいました。立ち上がることすらできなくなり、抱きかかえられて、自宅に帰る車に乗ったのです。

その日から、数日間、寝たきりの生活になりました。救急車のサイレンが聞こえただけで、なぜか身体がブルブル震えてきます。

これが〝原因不明の病〟との戦いの始まりでした。

毎日、突然、死ぬかと思うくらいに、心臓がバクバクする動悸に襲われたり、めまいが起きるのです。**会社には1日1～2時間いるのがやっと。**あちこちの医者を訪ね歩いてもまったく症状が改善せず、身体と心の不調がどんどんひどくなっていきました。

霊能者に言われた「あなたは失敗者だ！」

そんな状態に数カ月苦しんでいたころ、人に勧められて、ある霊能者に会いました。その方は私が前に座るなり、こう言ったのです。

「あなたは失敗者だ！」

精神も身体も絶不調とはいえ、当時、ビジネスでそれなりの成功を収めていた私に面と向かって、失敗者などと言う人はいません。内心、「何を言っているんだ、この人は」と思っていると、

「なぜならば、いまのあなたは、何の目標ももっていない」

と言葉を続けたのです。

すかさず、**「では、どうしたら成功者になれますか？」**と聞き返しました。

余談ですが、サラリーマン時代、手相見の人に運勢を見てもらったときに、こう言われたことがあります。

「私が手相を見た中で〝すごい〟と思った人は3人いた。大きな成功を収めている人には特徴がある。あなたもそうだけど、手相を見てこうだね、と私が言ったとき、じゃあどうすれば良くなりますか、と即座に聞き返した人だ」

その言葉がずっと印象に残っていたので、今回も、霊能者の方にどうすればよいのかを尋ねてみたのです。

「簡単です。人生の目標をもてばよい」

それが答えでした。トンチ問答のようで拍子抜けしましたが……。

たしかに、いまの自分には、何の目標もない。

創業時に立てた目標のほとんどを達成してしまってからは、空っぽの状態でした。だから、「あなたは失敗者だ！」「目標をもちなさい」という言葉に、妙に納得してしまったのです。

高いハードルでも、まずはやってみる

目標をもてなければ、これから先の人生は何もない。

この問題を解決したいと、いつものようにたくさんの本を読んでいるうち、大前研一さんが立ち上げたという一新塾の存在を思い出しました。一新塾は「新しい日本を創り出すネクストリーダー養成学校」として1994年に創設され、〝平成の松下村塾〟とも言われていました。ここで学んでみたい！

とはいっても、当時の私が、毎週2時間かけて東京まで通うのは、高いハードルでした。不安神経症だかパニック障害だか、何だか分からない状態で、体調が最悪だったからです。

しかし、ほかに現状から抜け出す方法が思いつかず、切羽詰まっていた私は、

著者の一言！　自己成長し、社会に貢献しないと生きている証にならない

入塾を決断しました。

一新塾では1年間、何人かでチームを組み、プロジェクト活動をしていきます。私は思い切ってリーダーに立候補しました。

「どこかで倒れて、もう家に帰れないかもしれない」と、毎回覚悟して東京へ出かけていたくらいですから、自信をもってやれる状態ではありません。

しかし、人生の目標をもつために命がけで来ているのだから、**誰かがやりたいことに協力するのでは、絶対に後悔する**と思いました。

大勢の塾生の前で、自分の考えをプレゼンしたところ、無事にメンバーが集まり、「地域元気化プロジェクト」がスタートしました。

私たちのプロジェクトは、介護施設と子供食堂、農園を融合させた「ふれあい広場」をつくるというものでした。

毎週メンバーと集まり、議論し、時に自己開示して、たくさんの人に会い、プロジェクトに必死で取り組んでいくうちに、私は、どんどん元気になっていきました。

人生の目標を見失って頭の中がヒマになり、マイナスなことばかり考えていたのが、プロジェクトのことを必死で考えるようになったからだと思います。徐々にメンバー同士の絆も強くなっていきました。

どうにもならない状況でも、挑戦を続ける

結果、私が立ち上げたプロジェクトは、一新塾の卒塾発表で、理事長賞と主体的市民賞をダブル受賞することができました。

大きなホールで開かれた表彰式で、会場から割れんばかりの拍手を受けて、受賞のスピーチをしたあの瞬間、自分の中で、うつ症状的な暗い雲が晴れた気持ちがしました。

周りにいるチームリーダーやメンバーたちは、有名な大学を出て、上場企業に

勤めている人ばかりです。かたや自分は高卒で専門学校に行っただけ。そんな人たちとグループを組み、リーダーとしてガチンコで勝負して2つの賞をとったというのは、とても大きな自信になりました。自分の中にあった学歴コンプレックスも消えていきました。

私にとって、一新塾は、**ギリギリの中でつかんだ藁**でした。**不調でどうにもならないような状況でも、チャレンジし続ける**ことで、死の恐怖も克服できました。

チャレンジで得られる「宝物」

いま、振り返ると、何より一新塾で鍛えられたのは、行動することを第一としたプロジェクト活動でした。

そして、年齢も職業もバックボーンも違うメンバーとの協働は、たくさんの気づきを与えてくれました。講義では、社会変革のフロントランナーとしてあらゆるフィールドで社会課題の解決に挑まれた、起業家や大学教授、ジャーナリスト、評論家の方をはじめ、たくさんの魅力的な講師陣から学ばせていただきました。

その後、卒塾発表や講義内で、塾生たちのプロジェクト活動や発表にコメントする大役を務めさせていただくようにもなりました。光栄なことであると同時に真剣勝負の時間。世の中を変革しようと本気で活動している塾生たちとの交流は刺激でいっぱいです。講師の私のほうが、いつも学ばせていただいています。私にとって一新塾で過ごす時間は、いまも**大きな誇りと自信**になっています。

まとめポイント

- □「まだ早い」「時間がない」「お金がない」はただの言い訳!
- □チャンスの神様は前髪しかない。飛び込む勇気と覚悟をもとう
- □時にはハードルを上げて、チャレンジする

[読んでおきたいおすすめ本]

『狼たちへの伝言　Kindle 版』（全３巻）

落合信彦著

小学館　550 円（電子書籍のみ）

若いころ、貪るように読んだ本。「狼は生きろ、豚は死ね」。この言葉に何度も背中を蹴飛ばされました。勇気がほしいときにぜひ読んでください。

『第二の人生は志を生きる　サラリーマンから市民への転身』

NPO 法人一新塾 森嶋伸夫著

一藝社　定価 1760 円

私の人生を大きく変えてくれた一新塾！　私に「志で生きる」意味を教えてくれました。その代表理事を務める森嶋さんの著書。

『３秒でハッピーになる名言セラピー』（全５巻）

ひすいこたろう著

ディスカヴァー・トゥエンティワン

定価　1320 円

私が大好きな本！　何度読み返しても、またまた感動♪　心が弱ったときのサプリメント本です。この本を読んだとき、人生観が変わる衝撃を受けました。

強くなる法則

第5章

こんなときはどうする？
心や身体が弱ったときの解決策

身近な悩みの
解決策を知ろう

強くなる法則　1

自分を見失ったら、「人に会い、本を読み、旅に出よ」

自分に自信をもつため

「人に会い、本を読み、旅に出よ」

これは、私が20歳のときにアルバイトしていた造船所の壁に書かれていた言葉です。**人が成長するために大切な3要素**だと感じ、座右の銘となりました。この言葉が、私の人生を変えてくれたのかもしれません。

誰もが壁にぶつかったとき、脳味噌がパンクするほど悩み抜くと思います。これまでの経験や知識では太刀打ちできない問題だからこそ、答えが出ません。

そんなとき、私がすることは、いつも決まっています。

関係する本を何冊も読み、いくつかのセミナーを受講し、何人もの経験者に相談する。そして、旅に出る。

こうすることで、**さまざまなものがつながり、道が見えてくる**からです。

私は旅をすることで、見知らぬ土地で自分を解放し、自由を身にまとい、何度も殻を破ってきました。

そんな私の旅を追想したいと思います。

思い切って一人旅

上野駅21時45分発、深夜特急にバイクを積み込み、日本一周の旅はスタートしました。狭い寝台車のベッドの上、旅への期待と不安が交錯します。中古で買ったバイクにテントや自炊器具、最低限の荷物を積んでの一人旅です。

車窓を流れる夜景を見ながら、以前読んだ沢木耕太郎の『深夜特急』（新潮社）

が思い起こされました。

この本は著者が26歳のとき、仕事をすべて投げ出して、インドのデリーからイギリスのロンドンまでバスを使って一人旅をする物語。バックパッカーのバイブルと言われている本です。

当時の彼は、そのときの私とほぼ同じ年齢。およそ酔狂な奴でなければできないことを、私も彼もやりたかったのだと思います。見方によっては、二人ともただの世間知らず、怖いもの知らずの若者だったのかもしれません。


「本当に日本一周の旅を始めてしまった。どんな旅になるのだろう」


寝台車の中で、そんなことを考えているうちに眠ってしまい、気づくと函館に到着していました。海沿いをひた走り、まずは日本最北端の宗谷岬を目指しました。道中ですれ違うバイカーは、みなピースサインで挨拶してきます。**何とも言えない自由。**この爽快感がすごくうれしい。

宿泊はライダーハウス（1泊500円）やテントの中です。大地に寝そべり天を見上げれば満天の星空が広がっています。ビール片手に「俺は生きている！」と、心の中で叫びました。

長距離を走っても疲れない。自然とスピードも上がります。気持ち良く走りすぎて、「そのバイク止まりなさい！」とパトカーに制止されたことも。「日本一周の旅で、沖縄に向かっています」と落胆しながら言うと、警官が驚いて顔を見合わせ、温情的なキップを切ってくれました。

一期一会の、忘れられない人との出会い

石川県に、日本のヘソと言われている場所があります。

そこで北から回ってきた私と、南から回ってきたライダーが出会いました。日本一周をしようと、逆方向からやってきた2人が、たまたま日本のヘソで出会って同じ宿に泊まり、その晩だけ酒を飲み交わす。

お互い人生のターニングポイントで人生と自分を見つめ直すために会社を辞め、日本一周の旅に出ていました。

彼はこのあと住み慣れた都会を離れ、北海道の実家に帰って親の後を継ぐと言うのです。夢や希望を語りあかした翌朝、再び逆方向に向けてバイクで出ていく。そのシーンは、いまでもよく思い出します。

連絡先すら知らない、たまたま出会って飲み交わしただけの人、でも、何か一生の思い出に残っている人なのです。「あのときのあいつ、何をしているかな」と。もしかしたら向こうもそう思っているかもしれません。

これぞ**一期一会**。

旅も人生もトラブルがつきもの

東北を一回りしてから、太平洋側を通って四国を一周。九州半周でフェリーに乗りました。

しかし、さあ、沖縄に向かおうというところで、海が荒れて出航できなくなってしまいました。

何日、足止めされてしまうのだろうか？

はやる心。だが、自分の力が及ばない自然の摂理。ずっと順調に進んできたのに、**こんなところで進めなくなるとは……**。一生の中では予期せぬ病気や環境の変化などで立ち止まらざるを得なくなることもあります。人生と旅を重ね合わせながら、閉じ込められた船の中で、さまざまなことを考えさせられました。


この旅が終わったら、何から始めよう。あの人に会いたいな。

これまでの立ち寄り先は、「その土地のお城や観光名所を見ればいいや」ぐらいの気持ちで回っていました。

でも、これから先の旅程は、もっと有意義に過ごせるよう、どこに行って何をするか決めておこう。早速、その準備を始めました。


著者の一言！

ピンチは冒険するチャンス！　死ぬ間際から振り返れば、みんな懐かしい思い出

うまくいかないときに焦る気持ちを抑え、次に自分が立ち上がるための準備をすることは、旅でも人生でも大切だと思います。

その後、無事に沖縄本島に寄港。石垣島に渡って一周し、ボートで日本最南端の地、波照間島に向かいました。次は、最西端の地、与那国島（無人島を含まない場合）へ。すでに最北端の宗谷岬や礼文島のスコトン岬、最東端の納沙布岬は北海道で回ったので、これで日本の東西南北の一番果てを制覇したことになります。いよいよ旅も後半です。

一人旅の終わりにわかったこと

2カ月以上にわたる日本一周の旅は、過ぎていきました。

東京タワーが見えてきたころ、日本一周を無事達成した喜びと、旅が終わる寂しさで目頭に熱いものがこみ上げてきました。

帰ってきた…。今日で旅が終わる…。

運転しながら、とめどなく涙が溢れてきます。ふいに、日本地図が浮かび、心の中で走ってきた道のりをトレースし始めました。

そのとき、道すがらずっと考えていた答えが分かりました。

自分はなぜ、旅に出たのだろう。

〝自分に自信をもちたかった〟。

そう、そのためだけに旅に出たのです。

当時の私は、周りから見たら、自信過剰なヤツだったかもしれません。でも実際は、どこか自分に満足できない焦燥感がありました。そんな自分を壊したかったのです。

一人旅は、すべての行程を自分でプランニングします。問題が起きれば、自力で解決しなければなりません。数年後思い返せば、大変だったこともほとんどが楽しい経験です。自分で決めて、たった1人でここまで達成できたということ

他人から見たあなたは、あなたという
「ブランド」だ（リチャード・テンプラー）

が、自信につながるのだと思います。

「目を見開いてもっと熱く生きてみろよ」

自信をつけるために、どの程度の旅をすればよいのだろうか。

放浪の旅をすることは憧れであり、現実的には長期の旅は、できない人のほうが多いかもしれません。私も、現状では長期の旅には出られません。

しかし、**旅というのは、場所の移動だけではありません。心の変遷もまた、旅なのです。**

いま思えば、冒頭の言葉、「人に会い、本を読み、旅に出よ」という短いフレーズに、深い教えが感じられます。

一度しかない人生、後悔のないように味わい尽くしたいものですね。

沢木耕太郎さんは、旅をした十数年後、その経験を『深夜特急』に著し、ノンフィクションライターとしての地位を不動のものにしました。

やはり「**人生に無駄なことは何もない**」と思います。そして、この『深夜特急』に〝毒〟を感じた誰もが旅に出たくなるのでしょう。

沢木耕太郎は、こうも問いかけていました。

「目を見開いてもっと熱く生きてみろよ！」と。

もう一度、この言葉を心に刻みたいと思います。

まとめポイント

- □「人に会い、本を読み、旅に出よ」
- □旅と人生は似ている
- □心の変遷もまた旅の1つ

強くなる法則　2

冷や汗をかくくらいスピーチが苦手なときは？

人前で話すことは、1つの大きなチャンス！　私の「100の夢リスト」には、自分のスピーチを聞いたたくさんの人たちが、感動の涙を流し、スタンディングオベーションで大拍手をしてくれる、というものがあります。

私は、中学生のとき、演説で大失敗した経験があります。

それまでの私は、人前で話すのが好きでした。ですから、友人が生徒会長に立候補したときは応援演説を二つ返事で引き受け、どうやって会場を笑わせ、友人を当選させようか、そんなことばかり考えていたのです。

しかし、全校生徒数百人の前に立ったとき、かつて経験したことのない緊張に見舞われました。

壇上に上がろうとすると、右手と右足が一緒に動いてしまいます。

「みなさん！　こっちをみなさん！」

冒頭に仕込んでいたギャグも、上ずった声でスベりまくりました。

頭の中は真っ白。用意した原稿をひたすら棒読みし、この瞬間が早く過ぎ去ることを願いました。そして、友人は落選。この経験は、強烈なトラウマとなり、すっかりスピーチが苦手になってしまったのです。

恥をかいて、繰り返し練習！

サラリーマンになってからもトラウマは消えず、月に一度の会社の業績発表では、いつも冷や汗をかいていました。とくに本社に悪い報告に行くときは、居並ぶ社長や役員たちの顔を思い浮かべては、本社へ向かう新幹線から何度も途中下車したくなる衝動にかられました。

思い返してみると、当時平社員の私に、そんな大きな責任はなかったと思うのですが、支店長と同席し、重圧を感じていました。**我ながら分析すると、完璧主義で自意識過剰すぎた**ように思います。

スピーチが苦手なままでいたくない！　私はこの状態を抜け出そうと、「**話し方教室**」に通ってみることにしました。

その教室では、毎週1回、30人位の前で3分間スピーチをします。そこで恥をかき、話の組み立て方や間、話すスピード、声の出し方などを学び、繰り返し練習するうちに、人並みには話せるようになり、いつしか周りから「うまい！」と称賛されるようになりました。

近年、私も仕事柄、大勢の人たちの前で話す機会が多くなってきました。年に数回は東京や大阪で講演もしています。もう大丈夫と言いたいところですが、まだまだ修行中です。

心をつかむスピーチには理由がある

私の究極の目標は、ケネディ兄弟の演説です。

第35代アメリカ合衆国大統領ジョン・F・ケネディ、弟で司法長官を務めたロバート・ケネディ。2人のケネディの演説は、説得力があり自信に満ち溢れています。**むずかしい言葉を使ったり、もったいぶった言い回しをせず、ウイットと高度な弁舌で人々を魅了しました。**

そして、すごいのが、ケネディの演説での群衆の反応です。拍手と歓声がいつまでも鳴りやまないのです。

1968年4月4日、黒人公民権運動の主導者マーティン・ルーサー・キング・ジュニア牧師が暗殺された直後、インディアナポリスで行われた、ロバート・ケネディ（愛称ボビー）の演説は、歴史に残るものでした。この話を私は落合信彦

著者の一言！　自分のすべてを曝け出すことで、弱い部分も愛されるようになる

氏の本で知り、感動しました……。

演説会場は黒人街のど真ん中です。警察はすでにボビーを狙ったスナイパーを捕まえており、「ここで演説するのは、殺してくれと言っているようなものだ」と中止を要請します。しかし、彼は制止を振り切って壇上に立ちました。

「愛と平和の使者キング牧師が死んだ。この中には白人に対する憎しみと復讐心に燃えている者もいるかもしれない。しかし、耐えてほしい。私の兄も殺された。白人に殺されたのだ……。私は耐えた」

胸をえぐる言葉。それまでの5年間、ボビーは兄の死について公衆の前で語ったことは一度もありませんでした。彼が続けます。

「いまこの国に必要なのは分裂や憎しみではない。必要なのは愛であり英知であり、互いにいつくしみ合う慈悲の心だ。そして黒人、白人を問わずいまだこの国で苦しんでいる人々に対して抱く正義の感情なのだ……」

ボビーが話している間中、演説会場のあちこちで嗚咽が聞こえていました。

その夜、アメリカ中で暴動が起きましたが、インディアナポリスだけは平穏でした。それは、ボビーが体を張って、心を込めて語りかけたからです。彼のスピーチでたくさんの人たちが救われました。

時に、たった一言の失言で政治家は職を失います。たった一言で人間関係を壊すこともあります。しかし、反対に言葉によって人を励ましたり、友情や愛が芽生えたりすることもあるのです。**言葉はナイフと同じ。美味しい料理もつくれば、人の命を奪うことさえあります**。

言葉の影響力って、すごいな！　たった一言で人生が変わってしまう、そんな言葉を言える人間でありたいと思います。

しかし、ケネディ兄弟には、まだまだ∞（無限大）に、ほど遠い実力です。

まとめポイント

- □ 完璧主義で自意識過剰にならないことも大切
- □ 恥を恐れず、繰り返し練習すれば、スピーチは必ずウマくなる
- □ 言葉はナイフと同じ

強くなる法則　3

親しい知人から借金を頼まれたらどうする？

人間関係を壊したくない

「ハンコ押すときゃ、気をつけろ！」

成人式を迎えた私に、父が珍しく真剣に伝えてきた言葉です。何度も連帯保証人になって、苦労した父の教訓とも言える言葉だったのでしょう。当時の私は「珍しく父親らしいことを言ってるな」くらいにしか感じませんでした。

しかし、年々この言葉の重みを感じるようになっています。

いま、私にも、時折こんな頼みがきます。

「絶対迷惑をかけないから、保証人になってくれ」

「必ず返すから〇〇〇万円貸して」

父もこんなふうに頼まれて、何度も保証人になったのだと思います。

その結果、父は多額の借金を抱え込んでしまいました。

絶対に保証人になってはいけない

では、他人から借金を頼まれたときにはどうしたらいいのでしょう。

私の思う答えは、まず**絶対〝保証人になってはいけない〟**。頼まれる金額はかなり高額で、高金利なのが通例です。相手が借金を返せなくなれば、連帯保証人である自分がその借金を負うことになり、共倒れになる確率が高くなります。

キッパリ断ってすむのなら、それに越したことはありませんが、親しい間柄であれば、人間関係を壊したくはありません。

そんなときは、たとえば、頼まれた金額の5分の1〜10分の1を、

「ある時払いの催促なし。これはやるよ。少なくてゴメン」

と言って、差し上げてしまうことです。

それでも多少の援助になるでしょうし、自分の力や人脈を最大限に使って、いっしょに解決の糸口を探すことも、生活費の一部を援助し続けることもできます。

こんな対処の仕方が、私の経験上、一番良いように思います。

成人の日に、父がプレゼントしてくれた高級なハンコ。息子にだけはお金の苦労をさせたくないという父の想いを込めた贈り物だったのだと思います。

いまも実印を押すたびに、父の言葉を思い出します。

まとめポイント

- □ 絶対に保証人になってはならない
- □ 5〜10分の1の金額を「ある時払いの催促なし」でプレゼント
- □ お金以外で、自分ができる支援を考える

COLUMN

サラ金からの取り立て最後の一手

私の幼少期のキャッチボールの相手は、サラ金の取り立てに来ていた怖いおじさんでした。

中には、姉の結婚式に出席するぐらいプライベートで付き合いのある人もいました。

父は若いころ、その人と始めた事業で失敗し、彼が経営するサラ金会社からお金を借りていたのです。金利は、月利２%。年利にすると24%の高金利でした。父の小さな商売では、元金がまったく減りません。

借金総額が、いくらになっているのか？

把握していない父は、私にケツを叩かれ、書面にしてもらいにその人のもとへ行きました。

「俺かお前（父親）のどっちかが死んだら、この借金はなしにしよう、と言われたよ」

と家に戻ってくるなり、うれしそうな父。

しかし、総額600万円近い借金です。その話が信じられない私は、父が亡くなったあと、“相続放棄”をして借金を払わなくてすむよう、対策をしていました。

しかし、結局、A氏は取り立てにこなかったのです。彼は父との約束を守りました。信じられない話ですが、私の相続放棄という最後の一手に、２人の友情と約束が勝ったのです。

強くなる法則　4

心や身体の健康状態が良くないときは？

辛い、しんどい、の解決策

失って初めて、大切さに気づくのが健康です。

武者小路実篤も、「**人生にとって健康は目的ではない。しかし最初の条件なのである**」と言っていますね。

中には、心の問題で、

「会社を辞めないと、この病気は治らないと医者に言われました」

「もう何年も引きこもっています」

「不安感が強くて外出できません」

「なぜか分からないけど、生きていたくない」

こんな悩みを抱えている人もいるかもしれません。

ドクターショッピングを繰り返した日々

私は38歳のときに脳梗塞で倒れ、生死の境を彷徨いました。そして42歳のときに社員さんの突然死をキッカケに不安神経症になり、ありとあらゆる病院に通い、メンタルクリニックや鍼、整体、温熱治療などの東洋医学も試しました。ドクターショッピングを繰り返し、身体や心に関する本を何十冊も読みました。人に勧められるままに、何人もの霊能者と呼ばれる人たちとも会いました。1回10万円の特別なお祓いも何度か受けました。当時の私なら、治ると言われれば300万円の壺でも買ったと思います。それくらい辛い状態でした。

しかし、どんな検査をしても、原因がまったく分からず、結局誰も治すことはできませんでした。

1日、朝夕1~2時間しか会社に居られない身体。

「負けるもんか！　負けるもんか！　まだできることはあるはずだ！」

毎日、呪文のように唱えていました。

自分に合う方法を見つけよう

そんな日々を過ごしていたころ、『心療内科に行く前に食事を変えなさい』（青春出版社）という姫野友美さんの本に出会いました。読んでみると、症状がすべてあてはまります。

もともと心の病になる人は、優しくて真面目、几帳面で責任感の強い人が多いと言います。そんな人が、身近な人の不幸や仕事のストレス、失恋、無理なダイエット、人間関係の悩み、大きな借金などの重圧を受けると、普通の食事だけでは栄養が追いつかなくなるというのです。

これは運動をして身体が疲れると栄養が不足するのと同じで、心に大きなダメージを受けると、身体からたくさん栄養素が抜けてしまい、何かの出来事を引き金に心の病になるのだと、感覚的に理解しました。

その本には、**食事を変えて栄養補給をすることで心の病を回復させる**方法が書かれていたのです。


日本ではまだ一般的にはあまり知られていませんが、これは「分子整合栄養医学」といって、ノーベル賞を2度受賞したライナス・ポーリング博士らによって創始された治療法です。

私はすぐにこの治療をやっている東京の病院に行きました。私の症状は「栄養不足による精神疾患」と「低血糖症からくる動悸」だと診断され、特殊な血液検査を受けて、必要な栄養を取るためのサプリメントを処方されました。

早速、そのサプリを飲んでみると、驚いたことに、帰りの車中でみるみる症状

著者の一言！ 買い物カゴを見れば、その人の健康人生が分かる

が緩和されていったのです。一度飲んだだけなのに、まるで魔法でした。これをきっかけに、症状はどんどん回復していきました。それは、私だけではありません。何人かの精神疾患に悩む人にも試しましたが、効果絶大でした。

うつ病やパニック障害、統合失調症などの心の病は、一般的にカウンセリングや薬で治します。成果を上げている素晴らしい先生方もいるでしょう。

しかし、**治療法が自分に合わないと、長い間、治らない患者さんが実に多い！**

自分に合う方法を見つけることも、大切なのだと思います。

病気から学べることも多い

心身が不調の中でも、良いこともありました。

不安神経症を患っていた期間は、ほとんど家にこもっていたため、時間を有効に使おうと、本を書くことを思い立ちました。このころに書きためた原稿が、1

冊目の本の出版につながります。

心身の不調で1日数時間しか会社にいられなくなった結果、会社は私がいなくても回る組織となりました。優秀な役員がしっかりまとめてくれていたことに加え、スタッフさんたちの活躍のおかげで、会社の売上も好調でした。

不安神経症を患わなければ、私はいまも24時間365日働く生活を続け、ストレスから毎夜浴びるように酒を飲み、もうこの世にいなかったと思います。

いつだって頑張ってくれている**自分の心と身体**。当たり前のように思わず、**「尊敬」と「感謝」をし、労い、計画的に休みを取ることも大切**だと学びました。

まとめポイント

- □ 健康の大切さは、失って初めて気づくもの
- □ 自分に合った治療方法を探す
- □ 病気から学べることも多い。病気に感謝する

強くなる法則　5

肉親のことがどうしても許せないときは？

自分が幸せになれると……

肉親を愛せないというのは、辛いことです。

私は、何年もの間、父親を恨んでいました。いつもお金の問題を抱えていた父。幼いころから貧乏で、小学生のころには給食費を払えなかったり、高校生になってからは、学校に通うための交通費が家にないことも、しょっちゅうありました。

起業してからも、**父の借金問題に苦しめられました**。

親の会社と、私の会社の仕入先がバッティングするときには、「お父さんが滞納している分を支払ってもらえないか」と言われ、なけなしのお金を何度も返済に充てました。

やっと1件の支払いが終わると、「これでもか！　これでもか！」と、また新たな会社から、お金を督促されます。

まるで、底の抜けたバケツに水を汲んでいるかのようでした。その繰り返しに嫌気がさし、そのたびに父を責めました。

会社を立ち上げて数年しか経っていなかったころの私にとって、さまざまな重圧とともに、お金に関するシビアな境遇は大きな負担でした。

父の死後も私を苦しめた借金問題

そして、父の死後も、お金の問題は私を苦しめ続けました。

亡くなって1年、やっと長期の返済計画ができ、「月々、これさえ返せば解放される」、そう安心した矢先のことです。一周忌の集まりで、父の借金がほかにも残っていたことが分かりました。

「**あなたは知らないと思うけど、お父さんに貸していたお金がある**」

と、親族から言われたのです。

戦後の貧しい時期、長男だった父は、弟妹を食べさせるために砂利を運んだり、辛い肉体労働をして働いていたそうです。勉強ができて、生徒会長もしていた父は進学をしたかったはずですが、自分のことはあきらめて、望んだ教育を受けられませんでした。

そんな父に対して、弟妹も生前、「返してくれ」とは一言も言っていなかったと思います。ムリをしてお金を工面してくれたこともあったでしょう。感謝しかありません。

しかし、私自身、少しずつ生活が上向いてきたとはいえ、起業したばかりで、これから先、どうなるか分からない状態です。

この数百万円の借金を清算すれば、手元には、お金がほとんど残りません。家族のためにも会社のためにも、お金は残しておきたい。

しかも、法的には、私に返済義務はありません。遺産の相続放棄をしたので、父の借金は私が負わなくてよいことになっていたからです。借用書もありません。

どうすべきか迷っていたころ、ある本に書かれていた「**一族をまとめられない男に成功はない**」という一節を思い出しました。たしかにそうだ……。

怒りと憎しみがどんどん膨んでいく

親族が集まる席を改めてもうけて、

「オヤジが生前、お世話になりました。借りたお金の一部は私のために使ったと思います。おかげで進学することができました。ありがとうございました」

と、感謝の気持ちを伝え、全額をお返ししました。逆に、父にお金を借りていた親族もいたので、その方には、「貸したお金はオヤジが出したもので、私とは関係ありません。返していただくつもりはありません」と告げて、身内のすべての貸し借りを清算しました。

しかし、父の借金はそれだけではありませんでした。

一周忌のあと、私が生まれ育った借家の大家さんからも、12年分のたまった家賃の支払いを求められたのです。

この借金もお返しした結果、私が必死に貯めていたお金がキレイになくなりました。

そんなことの連続で、私の中の父への怒りや憎しみといった感情がどんどん大きなものになっていました。**父が亡くなってからも、何年もの間、私はずっと父親を恨んでいたのです。**

私はお金に叩きのめされながら、先の見えないトンネルを彷徨うかのように、がむしゃらに働きました。そして、何年もかかって、のしかかっていた負の遺産をようやく整理できたのです。

ある1冊の本との出会い

そんなある日、1冊の本と出会います。

浅田次郎さんの『天切り松 闇語り』（集英社）です。

この本との出会いがなければ、私はいまも、父を許せずにいたと思います。

主人公の松蔵（9歳）は、父を心の底から恨んでいました。博打打ちの父は、病気の母に満足な食事も薬も与えず、貧乏の末に死なせてしまいます。姉は女郎として売り飛ばされ、幼かった松蔵も盗人一味に売られました。

ある日、警察から松蔵に、父親が亡くなったという報せが入ります。

著者の一言！ 父親の存在感は、亡くなってから年々増している

「仏さん、土管の中で血まみれになって、くたばるまで女房の骨を抱いていたってよォ。供養してやれよ」と言う刑事に、「何でそんなやつの供養をせにゃならねえんだい！」と松蔵は声を荒げます。

盗人一味の親分が、松蔵のために葬式の準備をしてくれても、頑として参列を拒みます。

その様子に、**「てめえの親の供養もできねえ奴は骨壺を持って出ていけ」**と親分は烈火のごとく怒り、父母の骨箱ごと、一家から追い出します。

行く当てもなく、途方に暮れて歩き回っているうち、松蔵はいつの間にか近くのお寺にきていました。

そのお寺で白御影の小さなお墓を見つけます。

「この小さな墓は、姉ちゃんのだ。親分がこさえてくれた」

少し前に亡くなった姉の墓。何も知らされていなかった松蔵は、親分の大きな愛を前にして自分の愚かさに気づかされ、号泣します。

そして、父と母の骨箱をお墓の前に並べました。

小説の主人公と自分を重ね合わせる

しかし、なかなか父に手を合わせることができません。やっとの思いで合掌すると、子どものころの懐かしい光景が脳裏によみがえってきました。松蔵は、これまでの恨みや憎しみを越えてこう呟きます。

「孝行もせず、恨みつらみばかり言っていたおいらを、許してくれろ。おとっちゃんは無一文になって野宿場まで落ちても、おっかちゃんの骨を抱いていてくれた。嬉しかったよ。おいら、おとっちゃんのことが大好きだったんだ。だからね、もういっぺん生まれ変わっても、やっぱり、おとっちゃんとおっかちゃんの子がいい。なぜかって……、おいら、てめえのことが好きなんだ」

ずっと父を恨んできた松蔵が、初めて父親に対する自分の本当の気持ちに気づいたのです。この言葉の深みを感じたとき、松蔵と自分が重なり、涙があふれ、父への恨みが溶けていきました。

私も本当は父が好きでした。松蔵と同じように、大好きな父だからこそ、子供のころ感じていた、頼りがいのある姿を消したくなかったのです。情けない姿を見たくなかった、カッコいい父でいてほしかったのだと気づきました。

身勝手だった被害者意識に気づく

父親の墓前で、手を合わせられないでいる松蔵。

そこに居合わせた永井荷風は、松蔵にこう声をかけます。

「どんな親でも、決して恨んではならない。親に対する憎しみはおのれの血をさげすむことだ。おのれをさげすめば、人間は生きていけない」

私自身、いくら貧しかったといっても、食べ物がなかったことはありません。

病気になれば医者にかかれました。進学もさせてもらっている。世の中には、もっとたいへんな思いをした人がたくさんいます。

恨みつらみばかり言っていた松蔵と同じように、**父親への恨みは、身勝手な被害者意識**だったように思います。私には、厳しい生活の中、養ってくれた父に感謝する心がありませんでした。借りたお金のうちの何分の1かは、私を養い、進学させるために必要だったものでしょう。

いくらかかるかも考えずに高い学費の高校を選んだ私に、父は一言も「やめてくれ」とは言いませんでした。入退院を繰り返す母にも、お金がかかっていたはずです。私だったら耐えられない状況だったと思う。それでも一言も言い訳せず、ただ黙々と真面目に仕事する男らしい父でした。

「勉強しろ！」とか「高校はどうするんだ⁉」とか、一言もふれず自由にさせてくれた父。父をよく知る人は、「あんなに人の好い人間を見たことがない」と言います。

著者の一言！ 高慢になってはいけない。小さな成功でも自分１人で成し遂げたものではないのだ仕事した代金を払ってもらえなくても、相手が苦しいと分かると、取り立てができない。隣家の人に頼まれたら、断れずに連帯保証人になってしまう。

それでも、私が高校へ行く電車賃がないと言うと、朝早くどこかへ行って、貸したお金のある人から数千円集金してくる、そんな人でした。

実際に、お金で苦労したのは、父が亡くなる数年前とそのあとだけです。貧乏で嫌な思いはしたけれど、苦労したわけではありません。

自分が幸せになれば、感謝し許せる

親を許せないのは、いまの自分が幸せでないからかもしれません。

私が本当の意味で父親を許せたのは、自分でお金を稼げるようになってからでした。いまの自分が幸福であれば、過去の境遇にも感謝できるはずです。被害者のように感じていたのは甘えだったと、いまならわかります。

過去にあったお金に関する苦しい経験は、私の経営者としての感覚を高めてくれました。それらは、**すべて父から受けた「教育」**であり、現在の自分があるのは父のおかげと、いまは心から感謝しています。

どんなことがあっても、この世に自分を生み出し、人生のスタートラインに立たせてくれたのは、親なのです。

恨んで一生を過ごすのか、すべてを受け入れて前を向くか。

どちらの人生が幸福なのかは、明白だと思います。

『天切り松　闇語り』にあった、**「人間は与えられた環境で、不幸や貧しさに打ち勝っていかなければならない」**という言葉が改めて胸にしみます。

今年も父の命日には、父が好きだった酒を持って墓参りに行こう。

まとめポイント

- □ いまの自分が幸せなら、過去の境遇に感謝できるようになる
- □ 親を許せないのは、自分が幸せでないからかもしれない
- □ 恨んで一生過ごすより、受け入れて前を向こう

[読んでおきたいおすすめ本]

『深夜特急』（全６巻）

沢木耕太郎著

新潮文庫　定価 605 円

旅人のバイブル。旅の途中に何度も起こるトラブルや人との出会い。さまざまな経験を読むことで、旅に出たくなる本。

『心療内科に行く前に食事を変えなさい』

姫野友美著

青春出版社　定価 1466 円

この本のお陰で、私は暗いトンネルから抜け出すことができました。あなたが心の病と思っているのは、現代型栄養失調かもしれません。よく分からない身体の症状がある方や健康志向の方にも読んでいただきたい本です！

『天切り松　闇がたり』

（全５巻）

浅田次郎著

集英社文庫　定価 572 円

私の父に対するわだかまりを溶き、感謝にまで変えてくれた本です。もし、あなたが親に対する何某かの不満があるなら、ぜひ一読してみてください。

エピローグ

無償の愛
——あなたを愛してくれる人は誰ですか？

見返りを求めず
相手に尽くそう

決して見返りを求めず与え続ける

人間関係の究極は、決して見返りを求めず、与え続けることだと思います。

「無償の愛」

私がその言葉で思い出すのは、15歳年上の姉のことです。

できの悪い弟だった私は、いつも姉に心配をかけていました。小学生のころは、意地っ張りで先生とよく口論をしていました。そんな私を両親に代わって学校へ迎えにきて、先生に謝ってくれていたのが姉でした。

父と母が取っ組み合いのケンカをしているときは、姉が震えながら、幼い私の頭を抱き締め、守ってくれました。姉の温かさや柔らかい感触が、いつも私を包み込んでくれていました。

学生時代、東京のアパートで一人暮らしをしていた私に、姉はお米や果物、インスタント食品などを詰めて、毎月送ってくれました。時には、茶封筒に手紙といくばくかのお金が入っていることもありましたが、当時の私は、それを当たり前のように受け取っていました。

姉に「ありがとう」の一言を伝えていたのだろうか？

いや、きっと、そんなことを言うのは照れ臭くて、言ってなかったと思います。

母代わりだった姉の入院

そんなある日、姉が入院したという連絡が入ります。私には知らされていなかったのですが、もう何度も、入退院を繰り返していたというのです。年末、病院にお見舞いに行くと、ぐったりした姉が横たわっていました。

病状について聞かされていなかった私は、「何か辛そうだな」くらいに軽く考えていたのです。しかし、しばらく様子を見ているうちに、ただ事ではない何かを感じ始めました。

夕方になり、姉の嫁ぎ先のお義父さんと一緒に先生に呼ばれます。

「ここ数日が山でしょう」。そう言われたのですが、私は誰のことを言っているのか、理解できません。心が受け入れたくなかったのかもしれません。

親族が集まり、その晩は私が泊まり込むことになりました。いま、考えれば、みんなが姉弟２人だけの最後の時間をつくってくれたのでしょう。

微かな意識の姉と会話する。時折うなずく。

みかんを口に運ぶと何とか噛もうとするが、力が入りません。

絞った汁を口に運ぶ。少しでも味を感じてほしかった。

朝方うとうとしていると、苦しそうな姉の声がします。急いで看護師さんを呼ぶと、骨が折れるくらいの力で心臓マッサージが行われました。得体のしれない恐怖と信じられない現実に、ぼうぜんと立ち尽くしました。

その晩は何とかもち直しましたが、翌晩、同じ状況がまた訪れました。義兄が必死に呼びかけています。「**もういい、もういい……。これ以上苦しませたくない**」。私は心の中でそう叫んでいました。

病室を出て、受話器を取り、少し前に「急いで来て！　大至急‼」、そう電話したばかりの父に再び電話しました。震える声で絞り出すように、「もういい、急がなくていい。ゆっくりでいいよ……」。そう伝えると、すべてを察した父が「分かった」とだけ言って電話を切りました。

恩返しできないまま逝ってしまった姉

葬儀の日は、前夜の大雪が嘘のような快晴でした。あたり一面の銀世界。姉の遺影を抱きながら、とめどなく涙が流れます。

「生まれ変わっても、お姉ちゃんの弟にしてください」

そう何度も何度もお願いしていました。

最愛の姉との別れが、いままでの人生で、一番の悲しみであり、試練だったと思います。

何の恩返しもしないうちに、帰らぬ人になってしまった姉。15歳も年上だった姉は、病気の母に代わり私をとても可愛がってくれました。

決して見返りを求めない無償の愛と、別れという悲しみを同時に教えてくれた姉。

私が生まれてからの20年間で、一生分の愛を与え、若くして逝ってしまった姉に、私はまったく恩返しができていません。

人生いつ別れがあるのか、誰にも分かりません。**日頃から、感謝は言葉や行動であらわしていかなくてはですね。**

赤ちゃんは与えられ上手

赤ちゃんは、本当に可愛い。与えられ上手です。

親の愛は、見返りを求めない「無償の愛」。

与える側は、見返りを求めず、受け取る側は、それに見合う可愛さ（魅力）を身につけ、いずれ大きな愛で恩返しをしてくれます。

親は与え続けるばかり、と思っているかもしれませんが、実際はその時間こそが自分を成長させ、幸せという恩恵を子供から授かっているのです。

大人同士の場合で違うのは、つねにその関係性が行ったり来たりすることです。与え続けるだけの相手に対しては、大きな意味では〝魂の修行〟になっているのかもしれません。そこは、自分の人生観と肌で感じて、付き合い方を選択するしかないのだろうな……。

決して見返りは求めず、ただただ、「この人に幸せでいてほしい」、そんな思いが、本物の人間関係をつくってくれます。

会社で始めた「親孝行手当」

父が亡くなって5年後、私が35歳のときに母も他界しました。

親孝行したいときに、親はなしとは、よく言ったものです。まさにわたしのこと。無償の愛を教えてくれた姉も、感謝の言葉を伝えられないまま、逝ってしまいました。

自分が親孝行をできなかったので、代わりにスタッフさんのご両親に何かしたい、私ができなかった感謝の言葉を伝えてもらいたい。

そう考えて、いま、私の会社では、「親孝行手当」なるものを支給しています。

金額は一律1万円。些少ですが、年に一度、決算期末に、一人ひとりに私から、直接ご祝儀袋に入れて手渡しています。

渡す前に、みんなを集めてこんな話もします。

「こうして好業績で決算を迎えられたのは、みなさんのおかげです。そして、みなさんが元気に働けるのは、みなさんを生み育ててくれたご両親のおかげです。普段、なかなか面と向かって、親に感謝の言葉を言うのは、恥ずかしいかもしれません。でも、この『親孝行手当』をキッカケにせめて**一言、ご両親に感謝の言葉を伝えてほしい**。それでも言いづらければ、『会社で、こんなのもらったから、ご飯でも食べに行こう』の一言でいい。何がしかの感謝を表現してほしいと思います」

「親孝行手当」をやってよかったと思うのは、社員さんを通じてご両親から喜びの声が届くことです。中には、

「良い会社に勤めることができてよかったね」

と目頭を熱くして話してくれる方や、手当ての入った祝儀袋を仏壇に供えてくれる方もいます。

たしかに、自分に置き換えて考えてみると、そういう手当てをくれる会社なら、私の大切な娘も、安心して任せられる気がします。

ちなみに、親孝行手当は、両親が他界されている人にも支給しています。お墓参りに行って、その日だけはご両親の思い出を誰かと語ってほしい。これが、切なる願いです。

「親孝行手当て」の支給！　流行ってほしいな〜。

【参考書籍】

『天切り松闇語り』（集英社文庫）　浅田次郎著
『非常識な成功法則』（フォレスト出版）　神田昌則著
『一冊の手帳で夢は必ずかなう』（かんき出版）　熊谷正寿著
『心療内科に行く前に食事を変えなさい』（青春出版社）　姫野友美著
『斎藤一人愛される人生』（ロングセラーズ）　斎藤一人著
『幸福なる人生』（PHP 研究所）　中村天風著
『狼たちへの伝言』（小学館）　落合信彦著
『3秒でハッピーになる名言セラピー』（ディスカヴァー・トゥエンティワン）
ひすいこたろう著
『成功の条件』（きずな出版）　永松茂久著
『斎藤一人 世界一幸せになれる7つの魔法』
（PHP 研究所）　宮本真由美著
『7 日間で人生を変えよう』（宝島社）
ポール・マッケンナ著
『凡人の逆襲』（オーエス出版）　平秀信　神田昌典著
『時を稼ぐ男』（KADOKAWA）　三崎優太著
『本当の自由を手に入れるお金の大学』（朝日新聞出版）　両＠リベ学長著
『第二の人生は志を生きる』（一藝社）　森嶋伸夫著
『人生を変える朝1分の習慣』（あさ出版）　後藤勇人著
『損をしない思考法』（サンマーク出版）　川島和正著
『洗脳無き「別人化」はいかが?』（メメント・モリ）　木下山多著
『ゴミ拾いをすると、人生に魔法がかかるかも♪』
（あさ出版）　吉川充秀著
『お金を持ち続けられる人になるための「自分資産化計画」』
（クロスメディア・パブリッシング）　園原新矢著

あとがき

最後に、３つ質問をさせてください。


あなたは、どんなときに人の愛を感じますか？

あなたに「無償の愛」をかたむけてくれるのは、誰ですか？

あなたが「無償の愛」を与えているのは誰ですか？


私が父や母、姉から受けた「無償の愛」は、彼らが亡くなって数十年経ったいまでも、年々大きくなっています。

あのとき、父はこんな気持ちだったのだろうか？

精神を病んでいた母は、自分と接するのを我慢してくれていたのだろうか？

姉は、どんなに私のことを大切に思って……。

目に見えないものですが、「愛」は、確実に存在します。

もし、あなたがいま愛を感じることができていないなら、目の前にある壁を乗り越えた先に、その答えが待っているのかもしれませんね。


人はいつか必ず天国に行きます。

「気がついたら、もうこんな歳！」なんて、誰だって後悔したくありませんよね。

だからといって、家族がいる状態で、無謀なチャレンジがおいそれとできないのも現実です。

理想と現実のバランスを大切に、五方良し（自分・家族・仕事・健康・天）を考え、目標を立て行動に移していくことも大切です。

その過程であらわれる壁を乗り越えることは、自分の人生の誇りになり、いずれ懐かしい思い出になると思います。

「本当にいい人生だった」と、笑って死ねる。

そんな最期でありたいと思いますよね。


今日より、若い日はありません。

そして、10年後はもっと輝いています。

遊び心を忘れずに、いまを楽しみたいですね！

日常のどんな小さなことの中にも、壁はたくさんあります。

その壁を乗り越え、感謝の心が芽生えることが、成功だと思います。


この本を通して、あなたが壁を乗り越えるほんのちょっとのお手伝いができたら、私の人生にとって、大きな誇りです。

何かの機会で、お会いできたら、ぜひ教えてください。うれしくて、抱きしめてしまうかもしれません……（笑）。

私にご縁のあるすべての人に幸せになってほしい。もちろんこの本でご縁をいただいたあなたにも、幸せであってほしい。心からそう思っています。

末筆ながら、日ごろ、私を支えてくれているスタッフさん、協力会社のみなさま、仲間たち、家族、ご縁のあるすべての方、本当にありがとう！

本を通して、壁にチャレンジする勇気とヒントを与えてくれた、尊敬するたくさんの著者の方々にも感謝申し上げます。

そして、この本を世に出してくれた、みらいパブリッシングの代表取締役松崎義行さん、編集長の東野敦子さん、Jディスカヴァーの城村典子さん、出版のきっかけをくれたブランディングプロデューサーの後藤勇人さん、私の拙い文章を何度も修正し編集してくれた前窪明子さんに心より感謝申し上げます。

私も、まだまだたくさんの壁に翻弄される毎日です。しかし、神様は乗り越えられない壁（試練）は与えません。自分を信じてチャレンジし続けます。

著者

[著者プロフィール]

さとうりゅうとう

28 歳で起業。職人としてスタートし、事業の拡大とともにエンドユーザーへの販売会社を設立。現在は建築、土木、介護、コンサルティングなどを主業務とする4つの会社とNPO法人を有する年商 18 億円のグループ代表を務める。

これまでの人生で、父母や姉、従業員との突然の別れ。自身の病気。いくつものコンプレックス、独立起業、異業種への参入など、さまざまな壁と対峙し、その都度乗り越え目標達成。

また、飽くなき好奇心と向上心からバイクで日本一周。人生の目標に出会うため、平成の松下村塾と呼び声の高い一新塾にて学ぶ。それ以外にも、神田昌典氏が広める右脳開発プログラム「フォトリーディング」や無意識にアクセスする「ジニアスコード」講座終了。日本最大級の読書会コミュニティ、リードフォーアクション認定ファシリテーター。木下山多氏による実践心理学ニュートラルベース NLP® マスタープラクティショナー。これまでに出版した著書は4冊で累計5万部を超える。

壁《かべ》の《の》乗《の》り越《こ》え方《かた》

今《いま》、どん底《ぞこ》のあなたを救《すく》う処方箋《しょほうせん》

2023 年 9 月 25 日　初版第1刷

著　者／さとうりゅうとう
発行人／松崎義行
発　行／みらいパブリッシング
〒166-0003 東京都杉並区高円寺南 4-26-12 福丸ビル 6F
TEL 03-5913-8611　FAX 03-5913-8011
https://miraipub.jp　E-mail: info@miraipub.jp
企画プロデュース／後藤勇人
企画協力／ J ディスカヴァー
編　集／前窪明子
ブックデザイン／池田麻理子
発　売／星雲社（共同出版社・流通責任出版社）
〒112-0005 東京都文京区水道 1-3-30
TEL 03-3868-3275　FAX 03-3868-6588
印刷・製本／株式会社上野印刷所

ISBN978-4-434-32724-7 C0034